EQUIPANDO Y EMPODERANDO A LOS NIÑOS EN LA ORACIÓN

"Esta obra brillante te enseñará, equipará, cautivará y convencerá. Con un sentido de urgencia, Cheryl y Arlyn nos motivan, desafían y enseñan a cultivar y transmitir a nuestras generaciones jóvenes un duradero legado de oración."
—ESTHER ILNISKY,
fundadora del Movimiento Global de Oración para Niños
y de la Red Internacional Ester.

"*Niños Saturados por la Oración* es un recurso práctico e inspiracional para padres y maestros que quieren cubrir en oración a esta generación de niños, transmitir un legado de fe y equiparlos para lidiar con los desafíos que enfrentan en el mundo actual con confianza y victoria."
—CHERI FULLER, oradora internacional,
Autora de *Abriendo las Ventanas Espirituales de tus Hijos*
y *Cuando Los Niños Oran.*

"El leer *Niños Saturados por la Oración* Me ha hecho tener una sed de orar con, y bendecir a nuestros nietos, aún más. Las ideas prácticas e historias son estimulantes y motivadoras. ¡Es emocionante contemplar lo que podría ocurrir si nosotros, los abuelos, padres y congregaciones pudiéramos captar la visión de este libro!"
—GAIL MACDONALD, esposa de pastor, autora de
Llamado Alto, Privilegio Alto

NIÑOS
SATURADOS POR LA
ORACIÓN

EQUIPANDO Y EMPODERANDO
A NIÑOS EN LA ORACIÓN

CHERYL SACKS
ARLYN LAWRENCE

Niños saturados por la oración: Equipando y empoderando a niños en la oración
Original Copyright 2007, *Prayer-Saturated Kids: Equipping and Empowering Children in Prayer,* NavPress Publishing
En Español © 2024 Cheryl Sacks y Arlyn Lawrence

A menos que se indique lo contrario, todas las citas bíblicas de esta publicación se tomaron de la Santa Biblia: Nueva Versión Internacional © 1999 (NVI): por la Sociedad Bíblica Internacional. Usado con permiso de Zondervan Publishing House. Todos los derechos reservados.

ISBN: 978-1-952943-49-2

Republished with permission by
BridgeBuilders International
BridgeBuilders.net
PrayerSaturated.life

Book packaging by Inspira Literary Solutions, Gig Harbor, Washington
www.inspiralit.com

Printed in the U.S.A.

Este libro está dedicado con amor
y oración a nuestros hijos:

Nicole y su esposo, Marco;

Tyler, Heather, Hayley, Timothy y Hillary

Reconocimientos

Nos gustaría agradecer a nuestros esposos—Hal y Doug—por su motivación, oraciones y apoyo; y por su disposición de ir aún más allá del llamado del deber cuando se trataba del cuidado de la ropa, comidas, limpieza y transporte de nuestros hijos mientras escribíamos este libro.

¡También les queremos agradecer a nuestros hijos quienes, en ocasiones, nos han enseñado más sobre la oración que lo que nosotros les enseñamos a ellos!

Estamos agradecidas con nuestra editora de Desarrollo, Susan Martins Miller, y el personal de edición en *Pray!* Books/NavPress por su experiencia en traer este libro a ser una realidad.

Y más que todo, le queremos dar gracias al Señor Cristo Jesús por comisionarnos y ayudarnos a escribir este libro, y por las puertas abiertas de oportunidad en verlo publicado. ¡Que este libro le pueda traer un gran deleite y le dé gloria al inspirar a una generación de niños saturados por la oración!

ÍNDICE

Introducción 1

Capítulo 1   El diseño original de un niño 7
Capítulo 2   Hacer de tu casa una casa de oración. 25
Capítulo 3   El poder de la bendición 45
Capítulo 4   Oraciones de sanidad para familias heridas. . . 65
Capítulo 5   Cerrándole las puertas al enemigo. 85
Capítulo 6   Entrenamiento en oración 101 105
Capítulo 7   Más adentro y más arriba 123
Capítulo 8   El papel de la iglesia 141
Capítulo 9   Conviértete en un mentor de oración 161
Capítulo 10 Niños avivados . . . ¡Desátalos!. 181

Preguntas de discusión 199
Recursos 209
Acerca de las autoras. 211

Introducción

Natalia estaba trabajando en la caja registradora en la venta de periódicos en el aeropuerto de Colorado Springs cuando yo me acerqué para comprar una revista.

"¿Qué haces en Colorado Springs?" me preguntó.

"He estado en un retiro en el Centro Mundial de Oración, trabajando en un libro nuevo. Se llama *"Niños saturados por la oración,"* le respondí.

"¡Genial! ¿De qué trata?"

"Es un libro para ayudar a los padres y líderes espirituales acerca de cómo pueden saturar a los niños en sus vidas de oración—y luego enseñarle a esos niños a cómo pueden orar por su propia cuenta. Queremos que la próxima generación esté preparada para enfrentar todo lo que vendrá en sus caminos."

"Es justo lo que necesito," dijo Natalia. "Mi generación está definitivamente en busca de guianza. Muchos de nosotros no fuimos criados en hogares cristianos. No hemos tenido a nadie que nos enseñe cómo es eso. La mayoría de nosotros oramos solo cuando estamos en problemas." Señaló a una repisa con libros de autores cristianos. "¿Tu libro estará a la venta aquí?"

Asentí y le dije que esperaba que sí.

"Yo veo a niños entrar aquí todo el tiempo. Toman esos libros cristianos, pasan las páginas, revisan la contraportada—a veces hasta compran un ejemplar. Yo creo que están buscando algo."

Más adelante, mientras yo reflexionaba sobre este encuentro con Natalia, me di cuenta que ella, y otras personas como ella son la razón por la que escribimos *Niños saturados por la oración*. Este libro es una respuesta al clamor de una generación perdida: "Bendícenos, ora por una sanidad sobre nuestro quebranto, y créele a Dios junto con nosotros a favor de nuestro futuro."

Yo he descubierto que aún aquellos niños que fueron criados en hogares cristianos y que crecieron dentro de la iglesia carecen de la seguridad de una comunidad que levantara un vallado de protección en intercesión alrededor de ellos. De alguna manera, con las ocupaciones del hogar, el trabajo y la vida de iglesia, nosotros los adultos desaprovechamos las oportunidades para cubrir y entrenar a la siguiente generación en oración.

Durante los años en que mi hija, Nicole, era adolescente, tuve el privilegio de interactuar con grupos de niños cristianos de la edad de ella. Una y otra vez me decían: "Solo queremos madres y padres en la fe que nos enseñen lo que ellos saben."

Tal vez tú seas una madre, un padre o un pastor. Podrías ser un líder de oración o alguien que trabaja con ministerios infantiles o juveniles. Quizás seas un abuelo, un maestro escolar o un entrenador. No importa cuál sea tu rol con respecto a los niños– en cualquiera que sea la capacidad con la que interactúas con niños y adolescentes–*tú* estás en una posición estratégica para equipar a la próxima generación e interceder por ellos.

INTRODUCCIÓN

Hemos escrito este libro para ayudarte a tomar el manto de líder de oración, mentor y guerrero de oración por los niños en *tu* vida. Este libro te traerá inspiración por medio de historias de padres, familias, comunidades e iglesias que oran y que están levantando a personas jóvenes, fuertes en la fe y poderosos en oración.

Originalmente, se suponía que un capítulo llamado "Niños Saturados por la Oración", estuviera incluido en mi libro *La iglesia rebosante de oración*. Luego de una revisión del capítulo, el equipo editorial de NavPress sintió que *Niños saturados por la oración* era tan importante que debía presentarse en un libro propio sobre este tema. Yo sabía que, en algún punto, yo estaría escribiendo *Niños Saturados por la Oración* como una continuación del primer libro. Mientras tanto, Arlyn Lawrence recién había completado Pray*Kids! Teacher's Guide: A Comprehensive Handbook for Developing Kids Who Pray (NavPress)*. Ella estaba interesada en escribir un compañero inspiracional e instructivo para su libro. Por lo que Arlyn y yo unimos nuestras cabezas y corazones para escribir el libro que ahora tienes entre tus manos.

Cada capítulo ofrece inspiración, instrucción y revelación sobre un aspecto distinto acerca de cómo la oración puede impactar al niño (o los niños) en tu vida. Hemos incluido algunas preguntas de estudio al final del libro para hacer que *Niños saturados por la oración* sea fácilmente adaptable como una guía de estudio para individuos, parejas y grupos pequeños, así como un currículum suplementario para familias de educación en casa.

Los aspectos más sobresalientes del libro incluyen:

- el diseño original de un niño–descubriendo y orando por el plan particular de Dios en la vida de un niño
- el poder de orar las bendiciones
- oraciones de sanidad para niños y familias que sufren
- cerrando puertas generacionales del enemigo
- modelos creativos y herramientas básicas para ayudar a padres y líderes de iglesias a levantar a niños saturados por la oración

¿Qué es un niño saturado por la oración? En corto, un niño por quien se ora, con quien se ora y a quien se le enseña a orar. Los niños saturados por la oración están llenos de fe–equipados y soltados para orar en maneras que cambian al mundo y a las personas a su alrededor.

Yo supe que estaba teniendo éxito al criar a una niña saturada por la oración cuando Nicole, a los 8 años, le sugirió a sus compañeros de clase que ayunaran su almuerzo y formaran un grupo de oración para interceder por sus amistades que no eran salvas. Yo supe que el poder de la oración se estaba extendiendo cuando más niños saturados por la oración llegaron a mi casa una noche de Halloween, no para pedir dulces, sino para orar por nuestra ciudad—¡toda la noche!

Arlyn vio evidencia de que sus hijos en edades de escuela primaria estaban saturados por la oración cuando la conductora del autobús escolar les dijo que ella oraba por los asientos asignados de cada niño, con sus nombres, todos los días al comenzar su ruta. Arlyn lo vio cuando el líder del grupo de jóvenes de su

INTRODUCCIÓN

hijo oró con él y por él con respecto a algunas profundas preocupaciones de su corazón que transformaron el aspecto de su rostro y revitalizaron la relación con sus padres y con el Señor. Otra madre supo que tenía una hija saturada por la oración cuando entró a la habitación de su hija para darle las buenas noches y la encontró orando fervientemente por las fotografías de sus compañeros de clase, encima del anuario, foto por foto.

Muchos en la iglesia estarían de acuerdo con que nuestra nación está actualmente en medio de un movimiento de oración en aumento y sin precedentes. Aún así, existe una preocupación profunda y creciente de que este fervor por la oración–y los fundamentos bíblicos de la oración–no están siendo transmitidos efectivamente a la siguiente generación. El mundo en el cuál nuestros niños están creciendo es cada vez más incierto, imparable y hostil. Nuestros niños necesitan nuestra cobertura en oración así como equipamiento si han de vencer la oposición espiritual y práctica que van a encontrar a lo largo de sus vidas.

Nosotros, como padres y la iglesia tenemos delante de nosotros ahora mismo la oportunidad para moldear las vidas y el destino de la próxima generación. El nivel y la calidad de la inversión que hagamos, en oración, en medio de esta generación que emerge, va a determinar qué tan efectivamente van a poder navegar y tener éxito en lo que podría ser el ambiente espiritual más intenso de la historia.

¿Quién le va a transferir el poder de la oración a la siguiente generación?

¿Quién va a interceder por ellos?

¿Quién les va a enseñar a oír la voz de Dios y entrenarlos para la batalla espiritual? *¿Eres tú?*

—Cheryl Sacks, 2007

Padre, yo acepto la asignación que has puesto sobre mi vida, de orar por los niños. Enséñame a cómo levantar la guardia sobre mis propios hijos—a orar con y por ellos—a dejarles un legado de oración para que pueda ser pasado a sus propios hijos. Al mismo tiempo, hazme estar apercibido acerca de otros niños que van a atravesar las puerta de mi hogar, trabajo, iglesia y comunidad. Enséñame a cómo orar por sus necesidades y por el clamor no pronunciado de sus corazones. En lo que leo este libro, por favor fortalece mi propia vida de oración, ya que sé que no le puedo dar a otros lo que yo mismo no tengo. Dame una vida llena del Espíritu—una que sirva como modelo a otros niños cuyas vidas yo pueda tocar. Padre, hoy me comprometo a invertir en la próxima generación a través de la oración—a plantar semillas de verdad, a entrenarlos y a ayudar a derramar la vida de tu Espíritu en ellos. Amén.

CAPÍTULO 1

EL DISEÑO ORIGINAL DE UN NIÑO

"Me viste antes de que naciera. Cada día de mi vida estaba registrado en tu libro. Cada momento fue diseñado antes de que un solo día pasara." (Salmo 139:16 NTV).

"Mamá, ¿por qué pusieron las calles de esa manera?"

Ya me estaba acostumbrando a las preguntas como esa por parte de nuestro hijo de 7 años. Cuando Tyler estaba bastante pequeño–antes de lo que uno esperaría que un hijo observara cosas como esas–mi esposo Doug y yo (Arlyn) notamos que él tenía el hábito de observar y criticar cómo las cosas estaban establecidas–cosas como los vecindarios, las calles de la ciudad, y parques.

Yo hubiera puesto esas calles de otra manera", decía él. "Y, ¿por qué cortaron todos los árboles cuando construyeron este vecindario? ¡Yo hubiera dejado un árbol en cada patio!"

Una de las cosas que creemos que Dios incorporó en él, por decirlo de alguna manera, en el temperamento de Tyler es la cualidad de ser un *planificador*. No solo hemos observado esto, sino que también lo hemos sentido fuertemente en lo que hemos orado a Dios para que nos muestre quien Él ha diseñado a Tyler para ser. Es una de las cualidades que hemos orado que sea desarrollada y cultivada en la vida de Tyler, y que contribuya a que pueda vivir el destino único que Dios tiene para él. Oramos de esta manera con nuestros 5 hijos. Por medio de una combinación de inquirir al Señor, observación práctica y discernimiento, hemos vislumbrado algo de revelación de cómo Dios ha diseñado a cada uno de nuestros hijos, para que podamos interceder–y que podamos criar–conforme a los planos de Dios y no los nuestros.

¿Sabes cómo Dios ha diseñado particularmente a *tu* hijo, o a los niños en tu vida? ¿Has podido buscar características únicas que dan pistas con respecto a lo que podría ser ese diseño–rasgos de personalidad, cualidades de carácter, talentos, habilidades, dones espirituales y llamado de vida? O mejor aún, ¿le has orado y pedido a Dios que te muestre Su diseño para tu hijo?

Puedes comenzar a orar por el diseño y destino de un niño a cualquier edad. Nunca es demasiado temprano—o demasiado tarde. A través de la oración tienes la hermosa oportunidad y privilegio de asociarte con Dios en ver Su diseño original para un niño llegar a cumplirse mientras que ese niño crece hacia la adultez. Tú puedes ayudar a tu niño a convertirse en aquello que Dios los destinó para ser. Tus oraciones pueden tomar la forma de:

- **Oración intercesora**—orando *por* el cumplimiento del diseño de Dios para la vida de un niño, u

- **Oración de guerra espiritual**—orando *en contra* de las maquinaciones del enemigo para oponerse, corromper y pervertir el diseño original de Dios.

El Dr. Charles Boyd, en su libro *Hijos Diferentes Necesidades Diferentes*, dice: "Nosotros, como padres, tenemos que descubrir los estilos naturales de nuestros hijos y ayudarle a cada uno a crecer según su diseño único, innato y diseñado por Dios." Él cuenta una historia que marcó firmemente este principio en su mente:

Un tiempo atrás yo vi un episodio del programa Beyond 200 en el Discovery Channel y aprendí sobre un tipo nuevo de metal. Estas "aleaciones con memoria de forma" es como se llamaban, eran programadas para "recordar" una cierta forma. Si esa forma original era distorsionada en alguna manera (al ser doblada o volteada con tus manos, por ejemplo) podía ser fácilmente restaurada con simplemente pasarla por el agua caliente. Imagínate carrocerías en los autos que fueran hechas con metal como ese—si tuvieras un pequeño golpe podrías simplemente llevar tu auto a un centro de lavado de autos y ¡podría quedar como nuevo! [1]

"Instruye al niño en el camino correcto," dice Proverbios 22:6, "y aun en su vejez no lo abandonará." Criarlo, o criarla, es según la "inclinación natural" del niño. El significado hebreo para la frase "en el camino correcto" es literalmente "conforme

---

1. Charles F. Boyd, *Different Children, Different Needs* (Sisters, OR: Multnomah Publishers, 2005), 18.

a su camino." La palabra hebrea para "camino" es *derek*, el cual significa "inclinar". Se refiere a un diseño interno y una dirección únicos. Cuando nos referimos a la inclinación natural de nuestros hijos, nos gusta utilizar el término "diseño original."

Nuestra hija, Heather, es una adoradora—expresiva, sensible, dinámica y musicalmente talentosa. Su hermana Hayley tiene el corazón de una madre—capaz, práctica y organizada—y ama planificar y crear momentos divertidos y lugares hermosos para la familia y amigos. Timothy y Heather tienen sus inclinaciones particulares—o diseños originales—también. Cada uno de los hijos de Dios llega a este mundo con un diseño y destino originado por Dios, incluyendo todos los niños en *tu* propia vida. Como Pablo lo escribió, "Porque somos hechura de Dios, creados en Cristo Jesús para buenas obras, *las cuales Dios dispuso de antemano a fin de que las pongamos en práctica."* (Efesios 2:10, énfasis agregado) Dutch Sheets, en su libro *Autoridad en Oración*, dice,

> *El hecho de que Dios haya asegurado un destino para ti se puede ver en las palabras del Nuevo Testamento traducidas como* propósito *(véase 2 Timoteo 1:9; Romanos 8:28). Proviene de la palabra griega* prothesis, *la cuál significa establecer el propósito de algo por adelantado. "Exposición" es un buen significado para ello, una tesis—acerca tuyo antes de que tú nacieras.* [2]

---

2. Dutch Sheets, *Authority in Prayer* (Bloomington, MN: Bethany House Publishers, 2006), 28–29.

¡No mi voluntad—sino la tuya, Señor!

Durante el primer año de universidad de Tyler, él comenzó a ponerse algo ansioso. Era el momento para elegir una carrera, pero la carrera que él quería cursar no era con la que se sentía cómodo. Él comenzó a lidiar con confusión, desesperanza y depresión.

Desde el frente del hogar, nosotros sentíamos que nuestra primera responsabilidad era orar y no involucrarnos y arreglar la situación. Fue difícil porque nosotros estábamos algo apegados con su primera elección de carrera. Pero oramos que el diseño y el destino original de Dios triunfara en la vida de Tyler. Sabíamos que Dios cuida porque su palabra sea cumplida (Jeremías 1:12). Tratamos de recordar a Ty acerca de estas verdades, acerca de lo que Dios pensaba y decía acerca de él. Intercedimos para que prevaleciera el propósito de Dios.

A través de una serie de conexiones "coincidentales", Tyler recibió una llamada del jefe del departamento de asesorías de su universidad para revisar sus transcripciones y ayudarle a elegir su carrera. Aunque estaba desanimado debido a lo que él sentía que habían sido elecciones fortuitas de clases, y temeroso de que él, consecuentemente, estaría en la universidad más tiempo del que había esperado, Ty accedió a ir a la reunión.

Cuando todo fue puesto sobre la mesa, el asesor le dijo, "No hay ninguna razón para tu preocupación aquí. Te podrías graduar el próximo año con un título de geografía—con una especialidad en *planificación*." Este título en particular le permitiría, si él así lo decidía, desarrollar una carrera en uso de suelos y desarrollo—¡algo para lo cuál él ha tenido una afinidad desde la niñez, pero que ni él (y tampoco sus padres) habían analizado conscientemente! Sin embargo, calzaba por completo con lo que nosotros creemos que es su diseño original. Fue una gran confirmación por parte del Señor de que esta era la dirección que Tyler debía seguir. ¡Ni Tyler, ni nosotros, lo hubiéramos podido planear mejor!

Aunque, a veces, Dios revela Su plan de vida para un niño desde una edad temprana, nosotros aconsejamos no hacer afirmaciones declarativas (u oraciones) de que un niño va a ser un doctor, o un misionero, o miembro de cualquier otra vocación. Es de mucha ayuda reconocer que un niño tiene un corazón para la sanidad, o una pasión para compartir de Cristo con el mundo, o aún un corazón para las naciones. Pero no podemos suponer exactamente cómo Dios va a usar los dones y los rasgos de carácter de ese niño. Pero sí podemos identificarlos y orar para que puedan ser usados estratégicamente para los propósitos de Dios según Sus diseños.

Una parte importante de este proceso es darnos cuenta acerca de nuestras propias expectativas y sueños sobre aquello en lo que quisiéramos que nuestros hijos se conviertan. Es bastante fácil proyectar nuestras propias esperanzas y deseos sobre ellos, y perder por completo el plan que Dios tiene para ellos. Esto puede llevar a conflicto, desánimo y aún a relaciones rotas entre padres e hijos. Imagina lo que puedes comunicar a tu hijo cuando te embarcas en descubrir su diseño único y sueltas a tu hijo para que pueda caminar en él. ¡Cuánta libertad! ¡Qué mensaje de amor, apoyo y motivación! ¡Qué confianza en Dios de que Su voluntad será hecha en la tierra (y en la vida de nuestros hijos), como es en el cielo (Mateo 6:10)!

El diseño de Dios te podría sorprender

Doug y yo inscribimos a Tyler en fútbol cuando tenía 5 años. Durante años soportamos juegos los sábados temprano por la mañana, en el clima frío y húmedo del noroeste. Recuerdo estar sentada ahí—temblando, cabello mojado, mis dientes rechinando—viéndolo jugar y preguntándome por qué estaba poniéndome (y poniéndolo a él) a pasar por esto. Pero Doug había sido un aficionado del fútbol y una especie de estrella en su juventud y él quería que Tyler tuviera la misma oportunidad.

El año en que Tyler cumplió 13, su equipo pasó a una liga un poco más demandante y necesitábamos decidir si él haría el cambio o no. Confiados de que él iba a querer continuar con sus compañeros, fuimos sorprendidos después de asegurarle que lo que él decidiera estaría bien con nosotros. ¡Sin pensar dos veces él nos declaró que no quería tener nada que ver con eso! Cuando le preguntamos sobre eso, él dijo: "A mí nunca me ha gustado el fútbol. ¡Eran ustedes los que querían que yo jugara!"

Todos esas esas mañanas de sábado bajo la lluvia para nada.

Para aquel punto nos dimos cuenta de que probablemente estábamos haciendo lo mismo en otras áreas de la vida de Tyler. En oración, le permitimos que él comenzara a tomar decisiones (y hacer cambios) acerca de otras cosas. También cambiamos nosotros la manera en la que determinamos el tipo de eventos y actividades en las que nuestros otros hijos querían estar involucrados. Cuando alguno de nuestros hijos venía a nosotros con una petición para participar en alguna actividad, no solamente revisábamos el horario y la chequera. Comenzamos a consultar al Señor también, preguntándole si este compromiso calzaba con Su diseño y plan para este hijo.

A veces, Sus respuestas nos sorprendían. Cuando Tyler tenía 17 años y Heather tenía 15, el grupo de jóvenes de nuestra iglesia fue en un viaje misionero de la YWAM a México. Heather estaba devastada porque su campamento de porrismo era esa misma semana, y recién había ingresado al escuadrón principal de porrismo de su escuela. Le pedimos a Tyler y a Heather, que oraran por su propia cuenta, mientras que Doug y yo orábamos sobre eso también. Después nos reuniríamos y compartiríamos con cada uno lo que sentimos que el Señor nos había hablado.

Todos obtuvimos la misma respuesta. Doug y yo sentimos fuertemente que el Señor estaba diciendo que Tyler debía ir. El propósito del viaje era construir una casa para una familia en situación de pobreza y hacer algunas reparaciones y remodelaciones en el complejo de la misión. Esto era parte de lo que Dios nos había mostrado que era el diseño individual de Tyler—laborioso, habilidoso con sus manos y un constructor sabio. Él aprendería habilidades y desarrollaría cualidades que Dios usaría en el llamado de la vida de Tyler, cual terminara siendo.

Por otro lado, todos recibimos en oración que Heather no debía ir, que ella más bien debía asistir al campamento de porrismo. Francamente, esta decisión provocó un levantamiento de cejas entre las amistades de ella y las nuestras. Pero sentimos que el Señor nos estaba diciendo que el ser una porrista era parte de Su diseño y llamado para la vida de Heather—como líder, como motivadora y una luz de Jesús en su escuela. La experiencia del campamento de porrismo lograría algo en la vida de Heather similar a lo que el viaje misionero lograría en la de Tyler. Sigue siendo un viaje misionero—sólo que en un campo diferente.

Más adelante, durante ese verano, una amiga de Heather, del equipo de porrismo vino con nosotros a un paseo del grupo de jóvenes de la iglesia, donde ella le entregó su vida a Cristo. Aquel otoño, 3 muchachas más del equipo de Heather y su amiga las acompañaron a un evento de alcance, ¡donde ellas tuvieron el privilegio de llevar a las otras 3 a Cristo!

Si nosotros hubiéramos tomado nuestra decisión basada en criterios naturales y razonables, probablemente hubiéramos enviado a nuestros dos hijos a un viaje misionero, pensando que era la opción más "espiritual". Estamos felices de haber buscado al Señor primero, por Su diseño y plan—aunque nos sorprendió en el momento. Fue un paso importante para ayudarnos a movilizar a nuestros hijos hacia el diseño y destino dados por Dios.

Encontrando el estilo de oración de tu hijo

Ian, de 9 años, estaba cabizbajo después de la escuela dominical una mañana.

"¿Qué pasa?" preguntó Cynthia, su madre.

"No oraron por mi petición," dijo Ian. "Yo quería que oraran por los osos panda en China, pero dijeron que debíamos de orar por cosas personales. ¿Por qué no podemos orar por los pandas, Mamá?"

El corazón de Cynthia se derrumbó. La maestra de escuela dominical de Ian no estaba tratando de ser insensible; ella simplemente no lograba entender cómo Dios había estructurado a Ian. Desde temprana edad, Ian había tenido una preocupación genuina por lo que estaba pasando en el mundo. Cuando él se dio cuenta de que el hábitat de los pandas estaba en riesgo, él se apesumbró.

"¿Sabes qué, Ian?" Dijo Cynthia con un nuevo enfoque. "Yo creo que Dios te está llamando a ti a hacer algo especial. Él te hizo que te dieras cuenta de cosas que otras personas podrían no entender. Sí *es* importante orar por los pandas en China, y por aquellas personas que toman decisiones difíciles para tratar de resolver los problemas de su país. ¿Qué tal si oramos por eso?"

De ese momento en adelante, cuando Ian mostraba una preocupación sobre algo que había escuchado en las noticias, Cynthia le sugería que él debía de orar por eso. Ella se Dios cuenta de que Dios había estructurado a Ian para ser un "intercesor de sucesos", y ella quería ayudarlo a desarrollar su llamado.[3]

---

3. Cynthia Bezek, "Wired for Prayer: Do You Know Your Child's Calling?" *Pray*Kids! Magazine, Issue #21: Prayer Styles (Colorado Springs, CO: NavPress, 2004), 8.

Hay diferentes estilos de oración, y hay diferentes estilos de niños. Con eso en mente, debes estar preparado para la eventualidad de que cada niño se va a relacionar con Dios según el diseño original y la inclinación de Dios. Podríamos, en este contexto, entender Proverbios 22:6 que dice: "Instruye al niño *(a orar)* conforme a su inclinación natural, y aun en su vejez no lo abandonará."

Cuando tratamos de forzar a que un niño esté en un molde, se pueden desanimar a tal punto en el que abandona su fe, porque nunca aprendió cómo comunicarse con Dios en una manera personal. Estuvo siempre tratando tan solo de copiar el estilo de oración de alguien más. ¡El tratar de imitar el estilo de oración de otra persona podría fácilmente terminar siendo una armadura de Goliat!

En 1 Samuel 17 vemos el relato del encuentro de David con el gigante filisteo, Goliat. En esta historia, el Rey Saúl intentó que el joven David usara la armadura real cuando se enfrentara a Goliat. Imagínate lo incómodo, extraño y hasta tonto se pudo haber sentido David cuando caminara vistiendo eso tan poco provechoso. David, así de joven como lo era, tuvo la sabiduría y la firmeza para quitársela y decir: "No puedo andar con todo esto. No estoy entrenado para ello." (1 Samuel 17:39)

Aunque este pasaje no trata específicamente sobre la oración, sí es una buena analogía de lo que le hacemos a nuestros hijos cuando fracasamos en entrenar y equiparlos según sus diseños originales.

Un niño introvertido, orientado a las ideas, por ejemplo, podría sentirse más cómodo expresando sus ideas a Dios en un diario, en lugar de orar en voz alta en un grupo (aún siendo un grupo familiar). Un niño altamente kinestésico que está lleno de energía podría responder bien a la oración caminando o cantando. Un niño muy orientado a lo visual podría ilustrar oraciones a través de dibujos, esculturas u otros medios.

Después de todo, aún las personas en la Biblia oraban de maneras diferentes. En su libro, Cuando los niños oran, Cheri Fuller expresa,

Con la oración, hay mucho espacio para el espacio individual. Cuando le enseñamos a los niños a orar—o también cuando nosotros oramos—es importante no confundir estilo con sustancia o con espiritualidad. Basados en las oraciones registradas en las Escrituras, Dios responde a diversos estilos de oraciones a Él. El hecho de que queramos comunicarnos con Él vale más que la manera en la que hablamos con Él. En la Biblia, las personas oraban de diferentes maneras: con manos levantadas (Sal. 28:2), cayendo de rodillas (Luc. 22:41), de rodillas con la mirada al cielo (1 Rey. 8:54), aplaudiendo, danzando y cantando (Hch. 16:25). Hubo oraciones gritadas (Jos. 6:16-20), y oraciones sin palabras (1 Sam. 22:2–3). Las diferencias de estilo fueron tanto creativas como una indicación de la personalidad, estado de ánimo y peticiones de cada persona que oraba.[4]

Ahora, eso no quiere decir que no debemos enseñarle a nuestros niños una variedad de expresiones de oración, pero sí tenemos que ser sensibles al hecho de que algunas modalidades de comunicación con Dios podrían ser más cómodas y efectivas

---

4. Cheri Fuller, *When Children Pray* (Sisters, OR: Multnomah, 1998), 123.

para cada niño que otras, dependiendo de cómo Él ha diseñado a ese niño.

Mira cómo a través de las Escrituras, Dios muestra su involucramiento en los planos de la vida de un niño. Permite que estos pasajes edifiquen tu fe para orar por el diseño original que Dios tiene para aquellos niños en tu vida, ya sean niños tuyos u otros que Él pone en tu camino:

- Dios le dijo a Jeremías (siendo adulto), "Antes de formarte en el vientre, ya te había elegido; antes de que nacieras, ya te había apartado; te había nombrado profeta para las naciones" (Jeremías 1:5).
- Rebeca inquirió al Señor específicamente acerca de los gemelos que tenía en su vientre, y Dios le respondió. El Señor le dijo, "Dos naciones hay en tu seno; dos pueblos se dividen desde tus entrañas. Uno será más fuerte que el otro, y el mayor servirá al menor" (Génesis 25:23).
- El ángel de Jehová le dijo a la madre de Sansón, aun antes de que ella quedara embarazada, "Eres estéril y no tienes hijos, pero vas a concebir y tendrás un hijo. Cuídate de no beber vino ni ninguna otra bebida fuerte, ni tampoco comas nada impuro, porque concebirás y darás a luz un hijo. No pasará la navaja sobre su cabeza, porque el niño va a ser nazareo, consagrado a Dios desde antes de nacer. Él comenzará a librar a Israel del poder de los filisteos" (Jueces 13:3–5).
- Un ángel se le apareció a Zacarías, padre de Juan el bautista, para darle información acerca del destino de su

hijo—¡antes que el niño fuera concebido! "Porque él será un gran hombre delante del Señor" (Lucas 1:15).

- Un ángel se le apareció a José en un sueño para revelarle el destino de Dios para el hijo de su prometida, el cual ya estaba cargando: "Ella ha concebido por obra del Espíritu Santo. Dará a luz un hijo, y le pondrás por nombre Jesús, porque él salvará a su pueblo de sus pecados" (Mateo 1:20–21).
- Un ángel le dio un aviso similar a María acerca de Jesús, "Él será un gran hombre, y lo llamarán Hijo del Altísimo. Dios el Señor le dará el trono de su padre David, y reinará sobre el pueblo de Jacob para siempre. Su reinado no tendrá fin" (Lucas 1:32–33).

Orando por el diseño original de tu hijo

¿En cuáles maneras ha diseñado Dios a tu hijo diferente de otros—o de ti mismo? El diseño original aparece en una variedad de maneras. Se puede manifestar en un niño por medio de:

- **Temperamento**—¿Él o ella es de paso acelerado o de paso lento? ¿Orientado a las personas u orientado a las tareas? ¿Introvertido o extrovertido? ¿Intenso o relajado?
- **Talentos y aptitudes**—¿Es músico o música? ¿Mecánico? ¿Matemático? ¿Lingüístico? ¿Artístico?
- **Dones espirituales**—Si es creyente, ¿muestra dones de misericordia? ¿Liderazgo? ¿Motivación? ¿Exhortación? ¿Sabiduría? ¿Discernimiento?

- **Llamado**—Quizás él o ella tiene un llamado para ser comunicador, pastor, un maestro, un líder, una madre, un padre, un adorador, un administrador o un guerrero.
- **Capacidad**—¿Le ha sido asignado una esfera de influencia grande o una pequeña? ¿Es una persona multitasking o se enfoca en una sola cosa? ¿Puede soportar grandes cantidades de detalles e información al mismo tiempo, o necesita recibir las instrucciones de una o dos a la vez con un tiempo para procesarlas?

Podrás encontrar pistas al diseño original de tus niños en sus comportamientos, sus gustos o disgustos, las amistades que eligen, los tipos de juegos que tienen y demás. Conviértete en un estudiante de tus niños. Averigua qué es lo que les llama la atención.

Gary Smalley y John Trent en su libro *La Bendición* dicen que, "Los niños están llenos de un potencial para ser todo lo que Dios quiso que fueran."[5] Ellos ofrecen algunas preguntas reveladoras que podrías hacer para aprender más acerca de a quién diseñó Dios que fueran tus niños, y cómo Él los ha formado de manera singular para cumplir Sus propósitos para las vidas de ellos.

1. ¿Sobre qué sueñan con más frecuencia?
2. Cuando piensan en sus años como adulto joven (veinte o treinta años), ¿qué disfrutarían hacer realmente?

---

5. Gary Smalley y John Trent, *The Blessing* (Nashville, TN: Thomas Nelson Inc., 2004) 109.

3. De las personas que han estudiado de la Biblia, ¿a cuál personaje les gustaría parecerse más, y por qué?
4. ¿Qué es lo que creen que Dios quiere que ellos hagan por la humanidad?
5. [para niños mayores] ¿Hacia qué tipo de novio o novia se sienten más atraídos y por qué?
6. ¿Cuál es la mejor parte de su día escolar, y cuál es la peor parte? [6]

También puedes escuchar la voz de Dios diciéndote cómo hizo Él a tus niños. El Espíritu Santo podría mostrarte cualidades de carácter específicas mientras que oras y escuchas Su voz. O, mucho después de que hayas orado acerca de eso, Él te podría dar un chispazo de revelación divina, cuando menos lo esperas. Escucha, toma nota y medita en lo que el Señor revela. Aún mientras que María meditaba en estas cosas, el ángel le reveló acerca de Jesús: "María, por su parte, guardaba todas estas cosas en su corazón y meditaba acerca de ellas" (Lucas 2:19).

Más allá de la casa

Ministerios de guardería y líderes de niños en la iglesia pueden orar para ver el diseño de Dios para los niños en sus ministerios. Cuando estás meciendo a los bebés, cambiándoles los pañales o consolando sus llantos, ora por palabras de vida y destino sobre

---

6. Smalley y Trent, 134.

ellos. Pídele al Señor que te muestre quién diseñó Él que ellos sean.

Recuerdo una vez consolar a Brooke, de diez meses, en la guardería para que su mamá pudiera liderar el grupo pequeño de mujeres. Entre más la mecía, ¡más fuerte lloraba! Le pedí al Señor que me mostrara en quién iba a crecer esta pequeña niña y luego comencé a hablarle a ella lo que yo sentía en mi espíritu. "Brookie, eres una mujer fuerte. Vas a ser una gran líder para el Reino de Dios algún día. Vas a ser una luz que brilla para Jesús. Te vas a levantar firme en contra de las asechanzas del enemigo." Luego convertí estas afirmaciones en oraciones a favor de Brooke. Luego, las compartí con su madre.

Para niños de mayor edad, sé observador y ora en medio de tus interacciones con ellos, así como lo harías con tus propios hijos. Pídele al Señor que te muestre pistas claves acerca de sus diseños originales. Durante los tiempos de ministración, hablar aquellas palabras de propósito y destino hacia ellos. Durante la semana, cuando no los estés viendo, sé un intercesor. Ora que ese diseño original de Dios para ellos sea cultivado y desarrollado en sus vidas.

En la clase de la escuela dominical de mi hija, Hillary, el equipo del ministerio infantil habló y oró con los niños acerca de los componentes del diseño original de cada niño. Usaron cualidades notables como "motivador", "guerrero de oración", "espíritu gentil", "líder" y "amigo compasivo". Hacían que estos niños escribieran esto sobre papel construcción, luego les pegaban fotografías también. Las maestras colgaban esto sobre las *paredes del salón de clases como un recordatorio de cómo Dios ve a estos niños.*

Satura a tu hijo con oración hoy mismo

Señor, yo te doy gracias que tú conocías a _____ desde el vientre, y aún antes, y Tú diseñaste y declaraste un plan maravilloso para la vida de este niño. Yo quiero poder ver a este niño de la misma manera en que lo ves tú, Señor. Por favor señálame aquellas características particulares que tú has entretejido en el temperamento de _____. Dame revelación con respecto al llamado y destino de _____. Ayúdame a criar a _____ conforme a la inclinación natural que Tú has planeado—cerca de Ti, guiada por Ti, y cumpliendo Tu diseño original en cada área de la vida de este niño.

CAPÍTULO 2

HACER DE TU CASA UNA CASA DE ORACIÓN

*"El temor del Señor es un baluarte seguro
que sirve de refugio a los hijos."
(Proverbios 14:26)*

Parecía que no lográbamos tomar una decisión.

Doug y yo (Arlyn) estábamos pensando en vender nuestra casa y mudarnos a otra comunidad. Habíamos pedido oración a unos amigos y a uno de nuestros pastores y su esposa, y todos nos habían confirmado la misma respuesta. Aun así, nos sentíamos incómodos e incapaces de movernos hacia delante.

Finalmente le pedimos a nuestros hijos que oraran con nosotros al respecto. Convocamos a una reunión familiar de emergencia en la que, después de una breve discusión sobre el tema (la cuál, claramente, estaba emocionalmente cargada) pasamos directo a la oración. Le pedimos al Señor que nos hablara a todos, y luego le pedimos a cada uno compartir lo que él o ella había sentido mientras oramos.

La pieza del rompecabezas parecía caer en su lugar y sentimos una sensación de paz que no habíamos sentido hasta este punto. Finalmente, estábamos en unidad. Todos hasta comenzamos a tener una sensación de emoción en lo que anticipábamos el futuro de nuestra familia en una comunidad nueva.

Uno de los lemas en nuestro hogar es, "No nos inquietemos por nada, oremos por todo." Tratamos de hacer de la oración nuestra regla de primer orden ya sea por una llave perdida, una enfermedad, una relación con problemas o un niño desobediente. Nuestra hija Hayley una vez nos volvió los ojos y exclamó exasperada, "¡Oh mamá, tú oras por todo!"

Edificando una casa de oración

Cuando nuestra casa estaba construyéndose, Doug se metió por debajo de la cubierta delantera y escribió el siguiente pasaje: "El Señor nuestro Dios es el único Señor. Ama al Señor tu Dios con todo tu corazón y con toda tu alma y con todas tus fuerzas" (Deuteronomio 6:4–5). En una larga tabla de madera atornillada en su lugar justo debajo de la grada del frente—claramente visible para todos—él inscribió Josué 24:15, "Por mi parte, mi familia y yo serviremos al Señor." Cualquier persona que entrara o saliera de nuestra casa—incluyéndonos a nosotros mismos todos los días—tendríamos que pasar por encima de las palabras de estas Escrituras.

Estábamos tomando muy seriamente el resto del pasaje de Deuteronomio 6: "Grábate en el corazón estas palabras que hoy te mando. Incúlcalas continuamente a tus hijos. *Escríbelas en los postes de tu casa y en los portones de tus ciudades."* (Deuteronomio 6:6-9). Hicimos que nuestros hijos escribieran versículos de promesas sobre los postes no terminados de las puertas de sus recámaras y las dedicaran al Señor. Antes de mudarnos, reunimos a amigos y familia para orar por la dedicación. Queríamos que nuestro nuevo hogar fuera un santuario de la presencia y la protección de Dios—y más que nada, queríamos que fuera una casa de oración.

En su libro, *La Familia Que Ora*, Kim Butts describe cómo, cuando ella y su familia se mudaron a un nuevo hogar, lo dedicaron al Señor. Ungieron los postes de cada una de las puertas (por dentro y por fuera), reclamándolo para Cristo y Sus propósitos. Ellos consagraron (separaron) su casa para ser usada por Dios y que Él usara el hogar de ellos para atraer a muchas personas a Él. Kim menciona que en realidad nunca sabes qué pudo haber pasado en tu hogar antes de que fuera tuyo, por lo que esta también es una buena manera de notificar al enemigo de que ¡no puede permanecer ahí! [7]

¿Has dedicado alguna vez tu hogar a Dios? No tienes que esperar hasta comprar o construir una casa nueva para dedicarla al Señor; lo puedes hacer en cualquier momento. Tal vez ni siquiera vivas en una *casa*—puedes dedicar un apartamento, una casa rodante, incluso hasta una sola habitación.

---

7. Kim Butts, *The Praying Family* (Moody Publishers, Chicago, IL: 2003), 112.

El Fundamento: Padres que oran

Uno de los mejores regalos que los padres pueden dar a sus hijos es el regalo de un buen matrimonio—tejido por medio de la oración. Se dice que la familia que ora junta se mantiene junta— pero, ¿sabes realmente qué tan cierto es eso? Una encuesta de Gallup en 1993 reveló que entre las parejas casadas que asistían a la iglesia regularmente, el rango de divorcio es de 1 de cada 2. Esa es la misma estadística para los matrimonios fuera de la iglesia. Sin embargo, entre las parejas que oran juntas a diario el rango de divorcio es de 1 de cada 1,153. [8] ¡Qué diferencia!

La oración construye unidad e intimidad. Nos volvemos íntimos hacia quien oramos, por quien oramos y con quien oramos. La oración es la clave para desatar bendiciones extraordinarias para niños y familias, de la misma manera en que una llave abre una puerta.

Unos años atrás, Scott y Kelly se perturbaron profundamente cuando notaron un cambio para mal en su hijo adolescente, Caleb. Desde que se involucró en la música rock metálica pesada, Caleb se volvió deprimido, retraído y apartado. Pasaba horas en su habitación con la puerta cerrada escuchando discos compactos de rock metálico pesado, así como tocando música con su guitarra. Por la noche tenía sueños terribles y ataques de temor y pánico. Anteriormente, Caleb había sido un buen estudiante y comprometido a la oración, la lectura de la Biblia y a la iglesia.

---

8. Gallup Poll, 1993

Scott y Kelly trataron de hablar con Caleb para hacer que se abriera, pero entre más ellos intentaban, más Caleb se apartaba. Decidieron que se comprometerían a orar específica e intencionalmente por Caleb todos los días. Al mismo tiempo, Scott, en plena desesperación, comenzó a meterse a escondidas a la habitación de Caleb todas las noches—después que Caleb estuviera profundamente dormido. Cada noche, Scott se acostaba sobre la alfombra al lado de la cama de Caleb—mientras que en silencio clamaba al Señor para que liberara a su hijo.

Un sábado, unas 3 semanas después, Scott y Kelly escucharon un alboroto en el garaje—sonidos de cosas siendo golpeadas y quebradas y alguien llorando y gritando intermitentemente, y sollozos. Corrieron al garaje y encontraron a Caleb, lágrimas bajando por sus mejillas, martillo en mano mientras que una y otra vez rompía en pedazos su pila de discos de música rock metálico. Sus padres conocían su papel como centinelas—cerrando la puerta de su hogar al enemigo y abriendo la puerta a la sanidad de Cristo a través de la oración. Los niños necesitan la seguridad y protección de los padres que oran.

Las oraciones veladoras de una madre

Podría parecerle a un niño que la madre tiene "ojos por detrás de la cabeza", ¡pero eso podría parecer más real si ella es una madre que ora! Proverbios 31:27 dice, "Está atenta a la marcha de su hogar." Dios instaura a una madre para que vele por su familia, creo yo, en la manera en que Él instaura a un centinela para velar por la ciudad. (Is. 62:6). Las palabras *cuidador* y *centinela* en las Escrituras tienen significados similares, "observar a la distancia, mirar, ver; cercar (como con espinos), guardar, proteger, atender."[9] También pueden ser traducidos como "velar" o "portero."[10] A algunas personas les gusta usar la palabra "intercesor" o "guerrero de oración". La intercesión es uno de los roles más poderosos que una madre puede tomar. Se puede lograr mucho más por nuestros hijos con nuestras rodillas que con nuestras bocas.

Una madre, Eleanor, se dio cuenta de esto cuando su hijo adoptivo de 13 años, Eugene, no había crecido ni siquiera un centímetro en un año. Al principio ella pensó que era solo por su herencia asiática; luego su doctor le dijo que lo llevara donde un especialista para que le recetaran hormonas de crecimiento. Pero durante uno de sus tiempos con Dios, Él le mostró un versículo específico en las Escrituras que ella podía orar sobre su hijo. Ella lo parafraseó, "Señor, que mi hijo, así como Jesús, crezca en sabiduría, y en estatura, y en favor para con Dios y los hombres" (Véase Lucas 2:52).

En los primeros tres meses después de que ella comenzara a orar así, Eugene creció 3 pulgadas—¡sin inyecciones de hormonas! Durante los siguientes tres meses, creció tres pulgadas más. Su nota de conducta en el reporte de notas pasó de un C- a un A. "Mamá," dijo él, "ahora mi maestra me quiere, y yo la quiero

---

9. James Strong, *Strong's New Exhaustive Concordance of the Bible* (Nashville, TN: Thomas Nelson, 1995), *tsaphah*, Strong's #6822, 122; *shamar*, Strong's #8104, 145.
10. *The NIV Exhaustive Concordance* (Grand Rapids, MI: Zondervan, 1990), 1598 and 1643.

a ella." Eugene creció en estatura y en favor para con su maestra, y también en sabiduría, así como logró mejorar todas sus otras notas.[11]

El reconocido pastor E.V. Hill comparte un beneficio de una madre que orar, de su propia vida:

Yo vengo de una familia rota. Los ingresos de mi madre eran $12 por semana. No teníamos pensión, no teníamos ninguna asistencia para niños dependientes; no teníamos nada más que lo que hacíamos durante el verano recolectando algodón y mezclando nueces. Vivíamos cinco en el campo en una cabaña de madera con 2 habitaciones. No teníamos mucho, pero sí sabíamos cómo orar. Mamá no me dejó nada que necesitara de un testamento, pero ella me enseñó a orar desde una temprana edad. Cuando no había dinero para un doctor, y ningún doctor blanco nos atendía en el condado, mi mamá ponía sus manos sobre mí y oraba. Cuando no había esperanza de que yo pudiera terminar mi escuela escuela secundaria, mi madre decía, "Dios te va a enviar a la escuela secundaria." Y cuando yo terminé la secundaria, mi mamá sorprendió a toda la comunidad diciendo, "Ed va a ir a la universidad," y fui. Yo soy el resultado de las oraciones de mi madre.[12]

---

11. Quin Sherrer y Ruthanne Garlock, *How to Pray for Your Family and Friends* (Ann Arbor, MI: Servant, 1990), 67–68.
12. Extracto de Josh McDowell, *Youth Ministry Handbook* (Nashville, TN: Word Publishing, 2000), 11–13.

El rol estratégico de padres que oran

¡Los niños necesitan escuchar a sus papás orar por ellos! Aun cuando algunos hombres podrían sentir que sus esposas oran con sus hijos de una manera más natural que ellos (las mujeres tienen a ser más verbales), ellos no deberían permitir que eso los detenga.

Cheryl dice que cuando Nicole era pequeña, Hal a menudo salía en viajes misioneros. "Durante estos momentos, especialmente por las noches, Nicole se sentía perturbada. Ella extrañaba a su padre y el sentido de seguridad que él traía a nuestro hogar. En varias ocasiones Nicole se quedaba despierta llorando toda la noche. A la mañana siguiente estaba tan cansada que no iba a la guardería. Por lo que, cuando Hal se dio cuenta de que Hal haría un viaje de dos semanas a Filipinas, estábamos muy preocupados por cómo esto podría afectar a Nicole."

"La noche justo antes del viaje, Hal fue al cuarto de Nicol y se sentó sobre su cama. Él le habló acerca de la protección de Dios y el trabajo de los ángeles guardianes. Luego él oró por ella y le leyó el versículo del Salmo 91:11: ' Porque él ordenará que sus ángeles te cuiden en todos tus caminos.'

"La mañana después de que Hal saliera para Filipinas, Nicole se despertó y me contó lo que había pasado durante la noche. '¡Anoche vinieron los ángeles, mami!', exclamó ella. 'Estaban parados en un círculo alrededor de mi cama, cantando. ¡Fueron las voces más lindas que he escuchado!'"

"'¿Cómo eran?' le pregunté".

"'Algunos eran tan altos que sus cabezas tocaban el techo, y algunos eran pequeños como yo. Algunos tenían sandalias de oro, y otros tenían cinturones de oro. Y eran tan blancos—¡lo más blanco que he visto!'"

"Quizás me hubiera visto tentada a descartar la experiencia de Nicole como una imaginación infantil, de no haber tenido yo una experiencia similar unos 15 años antes. En un momento de mi vida en el que me sentía asustada y solitaria, me desperté para encontrar un enorme ángel sobre mí. Él era tan alto que su cabeza tocaba el techo ¡y sus alas eran el blanco más blanco que jamás había visto! ¡La luz era tan brillante que no podía mantener mis ojos abiertos! La presencia del Señor permeó mi ser y tuve una sensación poderosa de la paz y la protección de Dios.

"Nicole no lloró nunca más por su papá estando lejos, ni mencionó tener temor por su ausencia. Cuando Hal ejercitó su autoridad en oración, él echó fuera el temor de nuestro hogar e invitó a la protección y la presencia de Dios a que morara ahí."

Doug comparte cómo él aprendió algo similar en la casa de Lawrence: "Temprano en mi vida matrimonial, yo comencé a darme cuenta de mi responsabilidad personal del bienestar espiritual de mi esposa y mis hijos–que mi liderazgo (o a veces falta de) afectó profundamente lo que transpiró espiritualmente debajo de nuestro techo. No pude lograr hacer un trabajo espiritual en mi familia por medio de edictos y actividades religiosas, pero yo sí pude por medio de mis oraciones. Cuando tomé la iniciativa para orar—por mi propia cuenta, con mi esposa, con mis hijos, y por todos ellos—muchas cosas comenzaron a cambiar. Me di cuenta, para sorpresa mía, que mi vida de oración no tenía que parecerse a la de mi esposa—o de nadie más, para estar claros. Simplemente tenía que ser un trabajo entre Dios y yo—un trabajo que me tomé en serio. En poco tiempo, descubrí que la oración es mucho más efectiva como una primera respuesta y no como un último recurso."

Cuando te despiertas: oraciones matutinas

Es tentador salir corriendo por la puerta sin tomarse el tiempo para sentarte, invitar a Dios a tu vida familiar, y entregar los eventos del día de tus hijos a Él. Pero las oraciones matutinas no tienen que ser una cita de larga duración. Pueden ser tan sencillas como un reconocimiento de su presencia y Su protección y provisión a lo largo del día.

Tus niños podrían tener algunas preocupaciones específicas—aún los temores—acerca de los eventos que podrían ocurrir durante el día. El orar con ellos por la mañana puede ayudar a aliviarles ese tipo de ansiedad y darles una oportunidad para que puedan ver a Dios obrando en sus vidas en un nivel personal e íntimo. Aun si no te detienes para un tiempo formal de oración, una buena manera de despachar a todos fuera de la casa por las mañanas, es con una oración de bendición (véase capítulo 3). Una bendición diaria imparte la presencia de Dios a la vida de nuestros hijos en maneras en que ellos se sientan amados—¡por Dios y por nosotros!

Cuando estás en la casa: oraciones al tiempo de las comidas

En nuestra familia tan ocupada, el tiempo de la cena siempre ha sido un momento en el que hay cierta garantía de que vamos a estar todos en el mismo lugar al mismo tiempo. Con 7 agendas de trabajo, escuela, deportes y ministerios eclesiásticos, raramente estamos todos en la misma habitación juntos—excepto a la hora de la cena. Por eso es que ahí es cuando tenemos nuestro tiempo de oración familiar regular.

Quizás quieras elegir hacer de la hora de la cena un tiempo de oración familiar regular. Para evitar esas irrupciones en voz alta de "¡Apúrate, la comida se está enfriando!", sugiero las siguientes recomendaciones:

1. Asigna que solo uno (o no más de dos) familiares para que oren por los alimentos. Cada noche podría orar una persona diferente.
2. Que la acción de gracias a Dios por la comida (y las manos que la prepararon) sea el tema principal. Cuando nuestra familia ora junta en un restaurante, le pedimos a Dios que bendiga a los chefs y servidores también.
3. Levanta una oración intercesora por alguien a quien toda la familia conozca, tal como un miembro de la familia extendida, un amigo, un pastor, o un misionero de tu iglesia.
4. Como una alternativa a la intercesión, haz una oración de petición (un pedido) por una necesidad de la que toda la familia está bajo conocimiento, tal como una preocupación

financiera o de salud, una mascota perdida, un trabajo nuevo, la calificación de una nota para una prueba, o lo que sea que el Señor te traiga a la mente.
5. Termina con una declaración de fe en Dios: "Dios, ¡eres maravilloso! Sabemos que nos puedes escuchar y te damos las gracias por eso. Gracias porque podemos hablar contigo." Oramos en el nombre poderoso de Jesús, Amén." Permite que tus hijos sepan que *amén* significa "así sea" y que en realidad es una afirmación de fe, ¡y que es un acuerdo!

Cuando te acuestas: oraciones de cama

A los niños les gusta ser "acurrucados" en la cama por las noches. Este es uno de los mejores momentos para volver el corazón de un niño hacia Dios en oración. Mientras que tu hijo se abre con respecto a los eventos del día, y quizás hasta comienza a confiarte cosas, sugiérele, "Hablemos con el Señor acerca de eso." Tu hijo será asegurado de que tú estás escuchando, y que tú consideras importante lo que él o ella está diciendo. Tu hijo se sentirá seguro cuando él o ella te escucha llevar la necesidad, preocupación o petición a una autoridad mayor.

Las oraciones por las noches son una gran oportunidad para afirmar lo que tu hijo ora. Me gusta la historia de cómo Michaela, de tan solo 3 años, miraba alrededor de su habitación durante su oración, a la hora de la cama, y le agradecía a Dios por todo lo que ella veía–incluyendo las cortinas y sus muñecas de Barbie. Su madre la podía haber desanimado, diciendo, "Mi amor, busquemos algunas cosas nuevas por las cuáles orar—no creo que Dios esté muy interesado en cada cosa pequeña de tu habitación." Más bien, su madre dijo sabiamente, "Mi amor, ¡esa fue una hermosa oración! ¡Estoy segura de que Dios está complacido con que seas una niña tan agradecida! Tomemos un tiempito para orar por nuestra familia esta noche, también, ¿está bien?" Entonces ella continuó orando por los miembros de la familia, con lo cual Michaela se le unió rápidamente. Esta madre hizo dos cosas importantes: Ella reconoció la validez y la importancia de la oración de su pequeña delante de Dios, y le modeló una manera para que la niña se extendiera y creciera en la oración.[13]

Cuando vas por el camino: La oración durante los desafíos de la vida familiar

El ser una casa de oración significa que la oración es la regla principal para cada necesidad, preocupación, desafío y oportunidad. Cuando nuestra hija menor, Hillary, tenía 5 años, ella de repente cayó con una fiebre elevada entre la noche. Yo no tenía medicina para niños a la mano, así que Doug y yo hicimos una camita para ella en el piso de nuestra habitación, le aplicamos pañitos húmedos en su frente, y nos preparamos para (esperábamos) volver a dormirnos. Unos minutos después, una voz de defensa se escuchó desde el piso.

"¡Yo solo necesito que alguien *ore* por mí!"

---

13. Butts, 25–26.

Doug, algo apenado de que no hubiera pensado en eso primero, extendió su mano hacia abajo y le pidió a Hillary que tomara su mano en la oscuridad. Él reprendió la fiebre en la manera en que Jesús hizo con la suegra de Pedro en Lucas 4:49, "¡En el nombre de Jesús le ordeno a esta fiebre que se vaya!" Él entonces oró para que la paz y la sanidad del Espíritu de Dios viniera sobre ella y le diera descanso.

Contenta, Hillary cayó dormida. Por la mañana, ella estaba perfectamente saludable y aún más convencida del poder de la oración—¡así como sus padres!

Cuando las situaciones no son muy pesadas, los niños podrían estar involucrados en la mayoría de las oraciones en las que están los padres. Esta es la mejor manera para, no solo modelar la oración, sino para edificar en ellos una fe que les quede para toda la vida.

Gail Hyatt perdía la batalla de cómo incluir a sus tres hijas pequeñas en la compañía de gestión de talento de su esposo, la cual operaba en su propia casa. Ella le contó a su amiga, Bobbie Wolgemuth, esposa del socio de su esposo, que ella quería encontrar la manera para que sus hijas se sintieran parte del negocio. La idea de Bobbie fue de poner en contacto a personas que eran parte del negocio, con las hijas de Gail, como compañeros de oración. Ella le ayudó a las niñas a escribir diarios de oración, los cuáles crearon pegando fotos de cartas o tarjetas, y creando sus propias obras de arte. Los diarios incluían páginas para acción de gracias, alabanza, promesas de Dios y peticiones.

Cada niña escogió fotografías de alguna persona del equipo y un cliente por el cuál ella oraría. Un día miércoles, Marissa, de 4 años, recibió una llamada de SOS de que la computadora del señor Martín estaba congelada. Era la hora de la siesta, pero, ella tomó su diario de oración para que pudiera orar mientras se quedaba dormida. Marissa estaba ansiosa por contarle al señor Martín que ella había orado por él. La mejor noticia fue su respuesta: 'Gracias, Marissa. Ese día tuve la mejor venta de todo el mes.'"[14]

Otra mamá, Stacy, había experimentado una semana particularmente desafiante. El negocio familiar había fracasado recientemente, y su esposo estaba vendiendo en las calles. En casa con sus 5 hijos, Stacy se dio cuenta de que no quedaba dinero y que había poca comida en la casa. Mientras las provisiones bajaban con cada comida, ella recordaba la fidelidad de Dios. Stacy oró para que Dios bendijera las provisiones, las multiplicara para que duraran el tiempo que fuera necesario. Al final de la semana, su última comida del día trajo un fin a los alimentos. Como de costumbre, Stacy y los niños oraron juntos a la hora de dormir. Ella les recordó Filipenses 4:19, "Así que mi Dios les proveerá de todo lo que necesiten, conforme a las gloriosas riquezas que tiene en Cristo Jesús."

Después de acurrucar a sus niños en la cama, Stacy bajó al primer piso y se sentó en su "sillón de oración". El sonido del teléfono la tomó por sorpresa. La persona que llamaba dijo, "He

---

14. Bobbie Wolgemuth, "The Prayer Project," *Focus on the Family* (February 1997), 6–7.

sentido como que te podría venir bien algo de ayuda; acabo de enviarte $150 y debería llegarte por la mañana."[15]

¿Tienes historias similares de la intervención de Dios en tu vida? Podrías reforzar la emoción de oraciones contestadas en tus hijos al proveer maneras para registrar lo que Dios ha hecho. Lleva un diario de oración donde anotas las veces y maneras en que las oraciones de tu familia han sido contestadas. Puedes también hacer un recipiente de "Ebenezer" (véase 1 Samuel 7:12) en el cuál puedes poner piedras con oraciones contestadas escritas sobre ellas con una pluma permanente. ¡Con los años podrías obtener una gran colección de recipientes llenos de piedras!

Tu hogar como una parada de descanso de oración

Cuando la sobrina de Cheryl, Brooke, era joven, Cheryl disfrutaba de tenerla de visita en casa. Juntas hablaban, compartían y se ponían al día sobre sus vidas. Para una visita en particular, Cheryl sacó nuestro cajón de recortes y le ayudó a Brooke a crear un diario de oración para tener como herramienta para ayudarle a continuar en casa lo que había hecho con su tía–un recuerdo especial de su tiempo juntas que le ayudaría a crear un legado duradero de oración en la vida de Brooke.

Muchos niños y familias pasan por nuestros hogares diariamente, desde familiares hasta compañeros de clase. El ser una

---

15. Dutch Sheets, *The Beginner's Guide to Intercession* (Ventura, CA: Regal Books, 2001) 159–160.

casa de oración significa que nuestro hogar puede funcionar como una especie de "parada de descanso de oración" para estas personas, de la misma manera en que las paradas de descanso en carretera proveen refrescamiento y recursos para las autopistas de nuestra nación.

Cuando conocimos a nuestros nuevos vecinos, Sean y Kristin, Kristin estaba trabajando tiempo completo y no tenía guardería después de la escuela para sus dos niñas. Yo me ofrecí para cuidar a las niñas después que se bajaran del autobús escolar hasta que ella llegara a casa. Un día, cuando Kristin vino a recoger a las niñas, estaba que casi se desmayaba de una horrible migraña. Yo tenía la impresión de que esto era un ataque espiritual, así como uno físico, así que la senté y puse mis manos sobre ella, y oré que la sanidad de Dios fluya en su cuerpo y que cualquier artimaña del enemigo en contra de ella fuera rota, en el nombre de Jesús. En cuestión de minutos, el mareo y dolor habían desaparecido. ¡El poder de Dios había sido demostrado de manera clara e innegable! Tan solo unas semanas después, Kristin recibió a Cristo como su Salvador, así como lo hicieron ambas niñas.

Dejando un legado de oración

Es natural el querer dejar un legado a nuestros hijos y nietos. Algunas personas tratan de hacer esto por medio de grandes sumas de dinero. Otros establecen dotes, prestigiosas reputaciones, portafolios de inversión o propiedades y bienes raíces. Mientras que estas cosas pueden dar una provisión en el sentido material por una cantidad de tiempo limitada, solo la oración puede pagar dividendos que pueden durar toda la eternidad.

Cuando George McLuskey se casó y comenzó una familia, él decidió invertir una hora al día en oración para que sus hijos siguieran a Cristo. Después de un tiempo, él amplió sus oraciones para incluir a sus nietos y bisnietos. Cada día entre las 11 a.m. y el mediodía, él oraba por las próximas tres generaciones.

Con el pasar de los años, sus dos hijas entregaron sus vidas a Cristo y se casaron con hombres que entraron al ministerio a tiempo completo. Las dos parejas produjeron 4 niñas y un niño. Cada una de las niñas se casó con un ministro y el niño se hizo pastor. Los primeros dos primos nacidos en esta generación eran niños. Al graduarse de la escuela secundaria, ambos escogieron la misma universidad y se hicieron compañeros de cuarto. Durante su primer año, uno de los muchachos decidió entrar en el ministerio. El otro no. Sin duda, ese sintió algo de presión por continuar con el legado familiar, pero decidió, más bien, continuar con su interés por la psicología. Obtuvo su doctorado y eventualmente escribió libros para padres que se convirtieron en éxitos de ventas. Comenzó un programa radial que se oye en miles de estaciones todos los días. Su nombre, James Dobson. [16]

Podemos ser parte de un legado duradero para las futuras generaciones al llenar nuestros hogares con oración y ¡asociarnos

---

16. Edward K. Rowell, *Fresh Illustrations for Preaching and Teaching* (Grand Rapids, MI: Baker, 1997) 165.

con Dios en ayudar a los niños en nuestras vidas a encontrar y cumplir sus destinos dados por Dios!

Más allá del hogar

Las iglesias pueden (y deben) ser dedicadas de la misma manera en que podemos consagrar nuestros hogares al Señor—y los niños pueden ser parte de esto, también. Cuando algunos de los equipos de oración de adultos estaban orando por nuestro nuevo edificio para la iglesia, haciendo una limpieza espiritual y oración de dedicación, yo (Arlyn) llevé a un grupo de 14 niños, de edades entre 1 y 11 años, a una "caminata de oración" para hacer una dedicación para ellos.

Les leí el relato en las Escrituras de cómo Dios le prometió a los israelitas que todo lugar donde pisara la planta de sus pies, Él lo iba a entregar en sus manos (Deuteronomio 11:24). Hablamos de lo que eso podría significar en la familia de nuestra iglesia, a la luz de nosotros construir un nuevo edificio de iglesia y un nuevo vecindario. Hablamos acerca de cómo Dios quiere usar nuestras oraciones para hacer de este nuevo edificio de iglesia un refugio y un faro para todo aquel que entrara.

Para poner nuestras oraciones en acción, dibujamos las manos y los pies de los niños sobre papel construcción y recortamos varias copias. Pusimos las huellas de los pies sobre el suelo y alrededor del edificio, y las huellas de las manos sobre las puertas y paredes, para enfatizar la promesa de Dios que todo lugar que pisara nuestro pie, Él lo pondría en nuestras manos (de Deuteronomio 11:24).

Con un bebé apoyado sobre mi cadera y un adolescente ayudándome a mover al resto de los niños, marchamos alrededor del edificio y oramos en voz alta, poniendo nuestros pies sobre las huellas de los y nuestras manos sobre las huellas de las manos.

Aquellos niños hicieron oraciones de dedicación, directas del corazón, para la dedicación del nuevo edificio de la iglesia; que fuera una casa de oración para todas las personas–un faro que atrajera familias e individuos a una nueva vida en Jesús, y los restaurara para nuestro Padre Celestial.

Satura a tu hijo con oración hoy mismo

Amado Dios, dedicamos nuestro hogar a ti. Oramos que Tú lo llenes con tu presencia y lo conviertas realmente en una "casa de oración." Nos dedicamos a ti, que Tú nos hagas líderes de oración en las vidas de nuestros hijos. Dedicamos a nuestros hijos a Ti y te pedimos que les hables–y ellos a ti–en maneras que influya profundamente en sus vidas. Determinamos que en esta casa, la oración siempre será la primera respuesta, en lugar del último recurso. Ayúdanos a ministrar a las personas que entren a nuestro hogar, de la misma manera que lo harías Tú, Señor—para que sus corazones sean transformados por Tu amor y poder. Amén.

CAPÍTULO 3

El poder de la bendición

Llevaron unos niños a Jesús para que les impusiera las manos y orara por ellos, pero los discípulos reprendían a quienes los llevaban. Jesús les dijo: "Dejen que los niños vengan a mí, y no se lo impidan, porque el reino de los cielos es de quienes son como ellos." Después de poner las manos sobre ellos, se fue de allí. (Mateo 19:13-15 NTV).

"Oh, Señor, ayuda a Hal a administrar hoy su tiempo sabiamente, ¡y por favor ayuda a Nicole a dejar de pelear conmigo acerca de tomar siestas!"

Estas eran buenas oraciones. Yo (Cheryl) fui sincera en lo que había pedido. Sin embargo, sentía que quería ir más profundo. Para este punto en mi vida, no había descubierto aún, una de las maneras más poderosas de interceder por mi familia—¡el desatar espiritual de impartir bendiciones, que da vida! Todo eso cambió temprano, una mañana, mientras caminaba por el piso de la sala, elevando peticiones al Señor por mi esposo, Hal, y mi hija de cuatro años, Nicole. Yo quería orar más del corazón de Dios para mis seres queridos y se lo dije al Señor. Mientras seguía orando, mis peticiones a Dios, de repente, comenzaron a cambiar, convirtiéndose en declaraciones de bendición.

"Yo bendigo a Hal con sabiduría, conocimiento y entendimiento en cada decisión a la cuál él se enfrenta hoy día," me escuché citando de Colosenses 1:9. "Yo lo bendigo, como mi esposo, con un corazón fiel y con la habilidad de ser un padre amoroso, cuidadoso e involucrado para Nicole. Yo lo bendigo con favor e influencia para sentarse con los ancianos de las puertas de nuestra ciudad," fluyeron las palabras de Proverbios 31.

Con una emoción renovada, mi atención se volcó sobre mi hija. "En el nombre de Jesús, yo bendigo a Nicole con paz y gozo que brota como una fuente. La bendigo con fe, esperanza y amor—con buena salud (física, mental y emocionalmente). Yo bendigo a Nicole con protección—que tus ángeles guardianes la defiendan y cuiden sobre ella. Yo la bendigo con amistades sanas y en el futuro con Tu perfecta elección de compañero. Yo la bendigo con un espíritu sensible, una conciencia tierna y un corazón que corre tras de Ti, todos los días de su vida."

De repente, fue como si el mismo cielo hubiera bajado a mi sala. Sentí al Señor dirigiendo mis oraciones de una manera fresca. Parecía que Su rostro estaba brillando sobre mí–que Él, y no yo, estaba orquestando el tiempo de oración.

Esto no debió haber llegado como sorpresa porque, después de todo, el bendecir es idea de Dios. Él fue el primero en bendecir a Sus hijos en Génesis 1: "Y los bendijo con estas palabras, 'sean fructíferos y multiplíquense; llenen la tierra y sométanla'" (v.28).

De esa mañana en adelante, Hal y yo seguimos bendiciendo a Nicole en su travesía de vida. La envolvimos en nuestros brazos y la bendijimos cuando salía a la guardería, en varios cumpleaños, cuando se fue de la casa para trabajar en un ministerio juvenil, y en su día de matrimonio.

En los que crecemos en nuestro entendimiento de este poderoso principio, también hemos bendecido a otros niños de todas las edades a quienes Dios los ha traído a nuestras vidas—todos nuestros conocidos jóvenes, mis estudiantes de inglés, los niños que viven al lado y varios jóvenes adolescentes que fluyen por nuestra casa y los ambientes de la iglesia. A veces oramos mientras que los niños estaban en nuestra presencia, y en otras oraciones oramos por aquellos que no tenían ningún conocimiento de lo que estábamos haciendo. De ambas maneras, el orar bendiciones sobre los jóvenes es como dar regalos tangibles que ellos estarán abriendo por el resto de sus vidas.

Hoy día, pareciera que el concepto de orar bendiciones sobre la próxima generación ha sido olvidado. Sin embargo, los santos del Nuevo Testamento entendieron el poder de la bendición. Abraham bendijo a Isaac e Isaac bendijo a Jacob. Jacob bendijo a sus doce hijos. Estas oraciones no fueron simplemente oraciones vacías o palabras floreadas. En lo que leemos la Biblia descubrimos que las bendiciones que las personas oraron realmente se cumplieron.

Dar la bendición

Hace varios años, Randy y Lisa Wilson descubrieron que el principio de la bendición corría a lo largo de toda la Palabra de Dios. Ellos cuentan su historia en su video, La Bendición de

Papá. Una tarde, Randy y Lisa reunieron a sus hijos (todos en Preescolar en aquel tiempo) en la sala y tuvieron una ceremonia de bendición. Randy admite que él estaba un poco nervioso y se sintió algo extraño al principio, mas no permitió que esto lo detuviera. Él le dijo a cada niño, individualmente, lo especiales que son para sus padres y para Dios, y luego los bendijo a cada uno con un destino y un propósito divino.

Los niños ya son todos adolescentes y las ceremonias de bendición se han convertido en eventos semanales. Uno por uno los niños se arrodillan en frente de Randy para recibir la bendición.

"Tú eres un poderoso hombre de Dios, un guerrero, un hijo del Rey," le dice Randy a su hijo, Colten. "Tu nombre significa 'hombre de honor,'" habla sobre Logan.

A su hija, Jordon, "Tú reflejas la esencia de la belleza de Dios." "Tu nombre significa victoriosa; y eso eres en este mundo," le dice a Lauren.

"Eres bella, una princesa," habla sobre Khrystian. "Dios te va a usar para influir en las generaciones venideras en lo que eres obediente a Él." "Kameryn, tu nombre significa 'cariño, amada.' Tú serás de gran bendición para todas tus relaciones y atraerás muchos al Reino de Dios."[17]

Como lo explican Gary Smalley y John Trent en su libro La Bendición, todo niño está buscando la bendición de sus padres. Muchos buscan esta bendición durante todas sus vidas—a

---

17. Daddy's Blessing.com, the Video, producido por Derek Packard, CVstudios.com, 2002.

menudo en los lugares equivocados–nunca pareciendo encontrarla. Aún si tus padres no te dieron la bendición que tú estabas buscando, tú podrías llevar este regalo a los niños en tu vida. Una bendición lleva consigo afirmación, motivación, favor y esperanza para el futuro. El dar una bendición le otorga un alto valor a la persona que la está recibiendo. Una bendición podría contener varias partes.

Cercanía y un toque significativo. Podemos orar bendiciones sobre nuestros hijos cuando ellos ni siquiera saben que estamos orando por ellos—así como todos los días cuando están en la escuela, cuando ya han crecido y están en otra ciudad, o aún cuando están distanciados de nosotros. Sin embargo, orar bendiciones cuando puedes ver a un niño a los ojos y decir, "Yo te amo," y darle un abrazo y algo bastante significante. En ocasiones, imponer las manos sobre la cabeza o los hombros de un joven podría ser más apropiado, especialmente cuando estás orando por un niño más grande u otros niños que Dios trae a tu vida tales como estudiantes, vecinos y otros niños en el grupo juvenil de la iglesia. Jesús dijo, "Dejen que los niños vengan a mí, y no se lo impidan, porque el reino de Dios es de quienes son como ellos." Así que, "Y después de abrazarlos, los bendecía poniendo las manos sobre ellos." (Marcos 10:13-14, 16).

Palabras habladas de Gran Valor. El impartir una bendición paterna comienza con una oración hablada la cuál afirma el gran valor que tanto el padre, así como el Señor pone sobre el niño. Tal vez puedas comenzar dando gracias a Dios por la bendición que ha sido este niño para tu propia vida. Ejemplos de esto podrían incluir expresar aprecio por un espíritu dulce, confianza, lealtad, ayuda o un buen sentido del humor. Cuando bendecimos a un niño, es esencial que el niño reconozca al instante las palabras de nuestra oración como algo de valor y beneficioso en su vida. Podría ser tentador para nosotros, como padres, convertir una bendición para nuestros hijos en un mini sermón o una sutil corrección. Sin embargo, una verdadera bendición conlleva un deseo genuino de que Dios enriquezca la vida del niño.

Pedir la bendición de Dios para un futuro especial. Una parte importante de la bendición es ayudar al niño a visualizar un futuro lleno de bendición, crear una visión para el futuro que eleva esperanza y edifica la fe. Cada bendición debería provocar una sensación de que tu hijo es ungido o escogido por Dios para un propósito especial.[18]

Tu oración podría ser como de esta manera: "Padre, te doy gracias porque Tú tienes un plan para la vida de Jason. Gracias por el regalo que Tú le has dado de ayudar a sus hermanas a resolver sus discusiones. Gracias porque Tú eres un hacedor de paz. Yo bendigo a Jason con la sabiduría para saber usar todos sus dones para Ti. Abre sus ojos para ver el futuro maravilloso que Tú has planeado para él."

Dios pinta un retrato de cómo Él ve el futuro de nuestros hijos a través del profeta Jeremías: "Pues yo sé los planes que

---

18. Sally Meredith, "The Power of Blessing," in *Heritage Builders* (Colorado Springs, CO: Focus on the Family, 2003), 17.

tengo para ustedes—dice el Señor—. Son planes para lo bueno y no para lo malo, para darles un futuro y una esperanza." (29:11 NTV). La mayoría de las bendiciones del Antiguo Testamento comienzan con, "Que el Señor te bendiga con/por . . ." Esto es un acto de clamar por el favor y los dones de Dios para ayudar traer a un niño o a cualquier otro por quien estamos orando a su destino dado por Dios.

Si no estás seguro acerca de dónde o cómo comenzar a bendecir al niño en tu vida, ¿qué tal si permites que un evento especial marque el tiempo? Esto podría incluir el nacimiento de un niño o un nieto, la entrada a la adolescencia (así como la tradición judía del bar-mitzvah), la salida de casa o la entrada a la universidad.

Un día, en su tiempo de oración matutina, mi amiga Mary Ruth Swope estaba rumiando sobre el hecho de que ella viviera tan lejos del único niño de su hija, Daniel. La entristecía pensar que no tenía la oportunidad de influir en su desarrollo espiritual, social, emocional y físico en la manera que solo una abuela materna podría hacerlo. Mientras ella oraba por su dilema, Mary Ruth comenzó a pensar en cómo la cultura judía, los padres regularmente bendicen a sus hijos.

Pensé, "¿Por qué no puedo empezar a bendecir a mi nieto cada vez que hablo con él por teléfono? De esa manera, puedo transferir mis valores personales y espirituales a Daniel, aún cuando no pueda estar físicamente con él.

Inmediatamente, comencé a escribir bendiciones. La próxima vez que llamé a Daniel, le dije que lo quería bendecir. Él me escuchó con atención y me respondió dulcemente, "Gracias, abuela."

Cuatro días después, le vi una segunda bendición. La tercera vez que llamé, estaba a punto de despedirme cuando él me preguntó, "Abuela, ¿me vas a bendecir hoy?"

Mi corazón por poco se salió de mi pecho al darme cuenta de que Dios me estaba confirmando lo significativa que había sido la bendición para mi precioso nieto.

Ahora, de manera cotidiana, yo bendigo a Daniel por teléfono. Me enfoco en las diferentes áreas de su cuerpo, su personalidad o su espíritu, necesidades físicas y emocionales. Me siento más cerca de él como nunca antes.[19]

El poder detrás de la bendición

En su libro, *El Poder de la Bendición Pronunciada*, Bill Gothard dice que tres poderes innatos hacen que la bendición pronunciada sea tan efectiva: el poder de nuestras palabras, el poder de la Palabra de Dios, y el poder del nombre del Señor.[20]

El poder de nuestras palabras. Las Escrituras nos dicen, "En la lengua hay poder de vida y muerte (Proverbios 18:21). Las palabras son contenedores del espíritu. Con ellas podemos producir un daño devastador o podemos desatar una virtud que da vida. Muchas otras Escrituras en Proverbios hacen referencia a la lengua. "La lengua del sabio brinda alivio" (Proverbios 12:18)

---

19. Mary Ruth Swope, *Bless Your Child Every Day* (Phoenix: Swope Enterprises, 1992), 1–4.
20. Bill Gothard, *The Power of Spoken Blessings* (Sisters,OR: Mulnomah Publishers, Inc., 2004), 31.

y "El consejo oportuno es precioso, como manzanas de oro en canasta de plata" (Proverbios 25:11, NTV)

El poder de la Palabra de Dios. Aunque la obra de Dios, de hablar para que el mundo existiera, fue completada en 6 días, Su poderosa Palabra aún sigue creando hoy día (Hebreos 4:12). Cuando nuestras palabras se combinan con la Palabra de Dios en una bendición verbal, nos convertimos en un canal por medio del cuál puede fluir el poder de Dios. Un pararrayos provee el camino para el relámpago y lo conduce a la tierra. De la misma manera, nuestras oraciones de bendición por nuestros niños sirven como puntos de atracción para que el poder de Dios fluya en y a través de sus vidas.

El poder del nombre del Señor. En Números 6:23-27, Dios dio palabras precisas sobre cómo los sacerdotes debían comunica una bendición:

"Diles a Aarón y a sus hijos que bendigan al pueblo de Israel con la siguiente bendición especial:

'El Señor te bendiga
y te proteja.
Que el Señor sonría sobre ti
y sea compasivo contigo.
Que el Señor te muestre su favor
y te dé su paz.'

Cada vez que Aarón y sus hijos bendigan al pueblo de Israel en mi nombre, yo los bendeciré" (NTV).

Invocar el nombre de Dios es clamar que su poder reparta la bendición. Una bendición da vida, y la vida está en el poder del nombre del Señor.

¿Tus palabras son una bendición o una maldición?

Nuestras palabras son contenedores que pueden llevar poder creativo o destructivo a las personas en nuestras vidas, incluyendo los niños. Tu boca es un arma—ya sea para Satanás o en contra de él. Dos fuerzas poderosas están obrando simultáneamente en este mundo—bendición y maldición. Estas dos palabras ocurren unas 640 veces en la Biblia. Dios diseñó nuestras lenguas para ser fuentes de bendición, desatando Su amor, Su poder, Su sanidad y Su gracia a las personas alrededor de nosotros. En contraste a una bendición, la cuál *empodera para prosperar*, una maldición, en palabras sencillas, significa *provocar un fracaso*. Tristemente, aquellas personas en nuestras vidas a quienes más amamos—aquellos que queremos ver que Dios bendiga, proteja y prospere más que a los demás—son aquellas que sin querer maldecimos. Quizás puedas estar diciendo, "Bueno, *maldición* es una palabra bastante fuerte. Yo nunca maldeciría a nadie, especialmente a mis hijos."

Sin embargo, maldición es la palabra que la Biblia usa para describir el vocabulario de una persona que no controla su hablar (Santiago 3). "¡Es una llama pequeña que puede incendiar todo un bosque! Las palabras que decimos con nuestra lengua son como el fuego. Nuestra lengua tiene mucho poder para hacer el mal. Puede echar a perder toda nuestra vida, y hacer que nos quememos en el infierno . . . Con nuestra lengua podemos bendecir o maldecir. Con ella alabamos a nuestro Dios y Padre, y también a nuestros semejantes, que Dios hizo parecidos a él mismo. Hermanos, ¡esto no debe ser así!" (Santiago 3:5-6, 9-10 TLA).

Unas pocas palabras habladas con ira o frustración pueden cambiar el destino de un niño. Las palabras que vibran en el aire tan solo unos segundos pueden reverberar en una vida mientras ésta dure. Las palabras negativas hirientes pueden romper el espíritu de un niño y hacer un gran daño a la autoestima, así como dañar tu relación con el niño.

Ralph fue víctima de abuso verbal mientras crecía. El sentido de valor de Ralph estaba devastado y su habilidad para funcionar estaba fuertemente dañada. Él temía estar cerca de su padre y cerró su espíritu para con él. Este era el decir de Ralph, "Tú me hiciste daño, y yo te voy a hacer lamentarte por lo que has hecho. Te voy a cortar del todo para que ya no me puedas hacer más daño."

La respuesta de Ralph para con su padre es algo normal y lógico.[21] Efesios 6:4 motiva a los padres a no irritar y provocar a sus hijos a ira—para no romper sus espíritus. Los niños necesitan ser disciplinados y corregidos, por supuesto, sin embargo, sería sabio para los padres elegir sus palabras cuidadosamente durante los momentos de estrés con sus hijos.

Las palabras de enojo que refieren que él es inútil o estúpido pueden causar heridas profundas que trascienden a la

---

21. Gothard, 13–14.

adultez. Mientras que podemos decirles a nuestros hijos que su comportamiento es malo, es importante que reforcemos que ellos mismos tienen la habilidad, en Dios, de manifestar cosas buenas. Las palabras negativas y de crítica pueden obrar tan poderosamente como las palabras positivas y llenas de fe—solo que en reversa.

¿Todo niño es bende-cible?

Tal vez tu niño sea rebelde y estás desanimado. Tal vez te podrías estar preguntando, "¿Debo de bendecir a mi hijo aún si él es conscientemente desobediente y desafiante, aún si posterga todo constantemente, y aún si él rompe las reglas de nuestro hogar?"

¡La respuesta a esta pregunta es un sí enfático! La poderosa verdad acerca de las bendiciones es esta: Las verdaderas palabras de valor de una bendición no están vinculadas a las acciones de un niño o su apariencia externa. Por favor no confundas la palabra bendecir con la palabra alabanza—porque aquellos que necesitan la bendición son, a menudo, los que menos merecen alabanza. Dios actúa así. Él envía lluvia sobre los justos e injustos (Mateo 5:45).

Vemos un ejemplo de esta verdad en la historia de Isaac bendiciendo a sus hijos, Jacob y Esaú, en Génesis 27. Cuando Isaac se hizo viejo, él sabía que le tenía que dar la bendición a su hijo mayor. Esto era llamado la primogenitura. No tenía nada que ver la bondad o maldad del hijo; era simplemente porque él fue el gemelo que nació de primero. Pero poco sabía Isaac que

Esaú, el hijo mayor, había intercambiado su primogenitura (o su derecho a la bendición) con su hermano menor por un plato de lentejas. El incidente fue olvidado hasta el día en que Isaac, ya de años y casi ciego, llamó a Esaú y le dijo que estaba listo para darle la bendición y mandó a Esaú a cazar un animal y prepararle una comida.

Ahora, la esposa de Isaac, Rebeca, también estaba en la tienda y escuchó por encima la conversación. Deseando que su hijo favorito, Jacob, recibiera la bendición del primogénito, ella divisó un plan para engañar a Isaac. Rápidamente, ella y Jacob mataron una joven cabra y prepararon un platillo delicioso. El plan era que Jacob le sirviera a su padre el alimento y recibiera la bendición antes de que Esaú regresara a la tienda.

Para lograr la hazaña, Jacob se vistió con la ropa de su hermano para que pudiera oler como el campo y se puso piel de animal para que sus brazos fueran tan velludos como Esaú. Aunque Isaac estaba un poco escéptico porque la voz de su hijo sonaba como la de Jacob en lugar de Esaú, él finalmente bendijo a Jacob con la bendición que estaba destinada para Esaú.

Cuando Esaú regresó del campo y descubrió que había sido robado de la bendición que le correspondía, él gritó a voz en cuello: "Padre, ¿solo tienes una bendición? ¡Bendíceme a mí, también! (Génesis 27:38) Aunque Isaac bendijo a Esaú también, ya era muy tarde como para darle la bendición del primogénito.

Aquí vemos que la persona que recibe la bendición no necesita ser la persona que es digna de ella. Obviamente, Jacob mintió y fue engañoso y avaro, a pesar de todo esto, él recibió la mejor bendición.

Cuando bendecimos a nuestros hijos, no lo hacemos basados en sus logros, sino en el deseo de Dios para sus vidas. Esta es la razón por la que impartimos bendiciones "por la fe." Hebreos nos dice que "por la fe" Isaac bendijo a Jacob y a Esaú, y "por la fe" Jacob bendijo a cada uno de los hijos de José (Hebreos 11:20-21).

Bendecimos a nuestros hijos, no por quien sean, sino, para que puedan ser todo lo que Dios quiere que sean. Las bendiciones sacan lo mejor de los demás. ¡Así que empieza a bendecir a tu hijo y verás lo que Dios va a hacer!

Las consecuencias de retener la bendición

¿Por qué retenemos la bendición? En muchos hogares anda suelto un ladrón, que nos roba momentos preciosos para bendecir a nuestros hijos con palabras de aceptación. Gary Smalley y John Trent nos dicen que el nombre de este ladrón es "ocupación", y se enmascara como "satisfacción", "logros", o "éxito".[22] El momento justo para hablar estas palabras atesoradas está desplazado por un horario lleno.

Más atrás, en este capítulo, hicimos énfasis en que Dios le ordenó a los sacerdotes que bendijeran al pueblo. Como creyentes del Nuevo Testamento, nosotros como creyentes somos sacerdotes (1 Pedro 2:9). En este aspecto, retener las bendiciones va en contra de parte de la naturaleza esencial de nuestro

---

22. Gary Smalley y John Trent, *The Blessing* (Nashville, TN: Thomas Nelson Inc, 2004), 67.

propósito como cristianos. El retener las bendiciones a nuestros hijos puede:

- Provocar desánimo, rechazo y ofensa.
- Crear oportunidades para que el enemigo engañe e influya a tus hijos por medio del rechazo, sentimientos heridos, condenación, odio propio y amargura.
- Empañar su deseo de agradar o servir.
- Bloquear la recepción del favor de Dios.
- Robar el gozo, tanto tuyo, como el de tus hijos.
- Crear una atmósfera fría, tanto espiritual, como emocional en el hogar.
- Provocar que representes mal a Dios.
- Negarles la seguridad y la afirmación que necesitan para crecer fuertes emocional y físicamente.
- Robar a tu familia de las maldiciones generacionales.

De saberse la verdad, muchos padres no dan la bendición porque son ellos quienes nunca la han recibido. Nunca lo han visto modelado. Quizás la regla en tu familia, mientras eras criado, fue "las palabras de amor y aceptación son mejor no decirlas."

Podrías sentirte algo inadecuado para bendecir a tus hijos, así como Randy (el papá que mencionamos temprano en este capítulo) se sintió al principio. Tal vez no sientas que tienes lo que se necesita para hacer esto. Quizás eres movido por la culpa porque no sientes que hayas sido el mejor padre. No permitas que esto te detenga de hablar libremente y orar bendiciones sobre tus hijos. Así como una bendición no depende de la condición de quien la recibe, el poder de la bendición no depende de quien la da.

De hecho, el introducir el concepto de la bendición a tu familia ofrece una gran oportunidad para dejarle saber a tus hijos que no siempre has sabido qué hacer, que has cometido errores. Si esto es así, confiésalo ante ellos, y los bendices. Podrían volver a ti días o años después para decirte cómo tus bendiciones pronunciadas comenzaron a abrir sus corazones. No abandones el corazón de tus hijos al retenerles la bendición. ¡Generaciones cuentan contigo!

El ciclo de la bendición

Dar una bendición es como sembrar una semilla. Las Escrituras nos dicen que cosechamos lo que sembramos (Gálatas 6:7). Entre más semillas sembremos, más bendiciones van a brotar en nuestras vidas y las vidas de aquellos a nuestro alrededor.

Cuando la bendición es modelada en el hogar, un niño tiene mayor probabilidad de terminar devolviendo la bendición a su padre o madre. Los jóvenes que reciben la bendición también empiezan a orar por, y bendecir, a sus hermanos, amigos, aquellos en su grupo juvenil, sus maestros y otros. Son más propensos a pasar la bendición a su cónyuge y sus hijos.

Esto es lo que Colten Wilson, quien se menciona temprano en este capítulo, dice acerca del efecto de la bendición sobre su vida:

"La bendición de mi padre es la herramienta significativa más singular que está moldeando mi vida juvenil, manteniéndome enfocado en mi ruta de lo que hay por delante. ¿Cómo puede un joven crecer en un hijo de Dios justo cuando está constantemente siendo bombardeado por el mundo acerca de cómo verse, qué decir, cómo calzar y estar a la moda? Tenemos que llegar a conocer nuestro lugar, quiénes somos, y quiénes hemos de ser. Este es el poder de la bendición. Es mi papá diciéndome cuánto me ama, diciéndome que yo soy un hombre de Dios—que yo soy fuerte, que yo soy victorioso. Es mi padre hablando sobre mí con su autoridad divina dada a él por Dios. Cuando estoy de rodillas delante de mi padre, y sus manos sobre mi cabeza, sus ojos mirando profundamente los míos, puedo sentir su amor por mí. Es un amor que no puedo destruir jamás, un amor del cuál el mundo no me puede privar.

Este amor que recibo de mi padre viene del amor de Dios Padre por mi papá, el cuál se derrama en mi vida. Nada es más impactante y empoderador que eso. Que se venga el mundo. Yo estoy bajo la bendición, protección y el amor de mi padre.

En cuanto a mí, yo voy a pasar la bendición a mis hijos, y ellos a sus propios hijos, y ellos a sus propios hijos. Para ese momento, vamos a tener un pueblo fuerte y justo bajo la protección, el amor y la bendición de sus padres—un pueblo que Dios pueda usar para estremecer a las naciones para Su gloria. Ese es el poder de la bendición."[23]

---

23. Amen Simulcast 2002, producido por Derek Packard, DVstudios.com, 2002.

Más allá del hogar

Todos deberíamos de buscar oportunidades para bendecir a los niños que Dios ha puesto en nuestras vidas, no solo en nuestros propios niños. Muchos adultos quienes nunca recibieron la bendición en su hogar dicen que han recibido estas palabras transformadoras y bendición de un entrenador, un maestro, un pastor o un líder juvenil.

Por ejemplo, yo amo orar bendiciones en los baby showers. A menudo, le pedimos a los invitados a que traigan una bendición escrita para orar sobre la madre expectante y su bebé, aún en su vientre. Luego, ponemos las bendiciones de todo el mundo en un libro infantil decorado y se lo entregamos a la madre para que lo guarde. Otra idea es registrar las bendiciones verbales y darle un disco compacto a la madre como un regalo para pasar a su hijo en los años por venir.

En la fiesta de cumpleaños de un adolescente mayor, sugiéreles que todos se unan y oren una bendición sobre el año que está comenzando en este joven. Aún los muchachos que no conocen al Señor son bastante receptivos a esto.

Cuando tu hijo, u otra persona joven en tu vida, está por casarse, planifica un espacio en la ceremonia donde puedas orar bendición sobre la pareja recién casada. Mi esposo y yo (Cheryl), junto con los padres del novio, nos reunimos alrededor de Nicole y Marco y pronunciamos bendiciones sobre ellos en su boda.

Durante una fiesta de pijamas, o un campamento, invita a los niños a que oren bendiciones unos sobre los otros. Una mañana de domingo le pedimos al grupo de jóvenes que fueran al ministerio infantil y oraran bendiciones sobre los niños. Los adolescentes estaban igual de motivados de dar las bendiciones a como lo estaban los niños de recibirlas.

Satura a tu hijo con oración hoy mismo

Amado Padre Celestial, por favor perdóname por las veces que he usado mi boca para traer dolor a _____ en lugar de bendición. Hoy yo bendigo a _____ con la seguridad de tu amor. Yo bendigo a _____ con la habilidad de escuchar Tu voz y tomar decisiones sabias. Yo bendigo a _____ con favor para contigo, así para cono otros. Yo bendigo a mi hijo con la disciplina propia para pesar las palabras antes de hablarlas. Yo bendigo la boca de _____ para hablar palabras positivas que dan vida, con gracia, verdad, amor y sabiduría. Yo oro en el poderoso nombre de Jesús. Amén.

CAPÍTULO 4

ORACIONES DE SANIDAD PARA FAMILIAS HERIDAS

Sin embargo, para ustedes que temen mi nombre, se levantará el Sol de Justicia con sanidad en sus alas. Saldrán libres, saltando de alegría como becerros sueltos en medio de los pastos. (Malaquías 4:2, NTV).

Mi padre me amaba y lo demostraba de muchas maneras. Sin embargo, yo (Cheryl) crecí sintiéndome confundida y temerosa, porque mi padre también era alcohólico. Muchas noches yacía despierta, acostada en mi cama, escuchando a mi madre y mi padre pelear. Estaba determinada de que mis hijos nunca tendrían que escuchar a sus padres levantar la voz o usar palabras groseras entre ellos.

Para mi desilusión, este no fue el caso. Yo soy del sur de los Estados Unidos, donde la regla no manifiesta es, "Sé amable con todos. Nunca, nunca confrontes a nadie acerca de nada, ni permitas que nadie fuera de tu casa sepa que tienes un problema." Hal, quien se hizo cristiano ya siendo adulto, creció en un hogar judío ortodoxo y era directo y expresivo acerca de todo. Hal y yo discutíamos frecuentemente, y en los primeros años las discusiones eran algo acaloradas.

Un día, mientras Nicole visitaba a una amiga y yo estaba metiendo la ropa limpia en su cuarto, me senté en su cama y comencé a llorar. "Señor," dije yo, "Tú sabes que no quiero que Nicole escuche nunca a sus padres discutir."

El Señor me habló algo a mi corazón en aquel momento que me cambió para siempre la manera en que ejercía mi maternidad: Él me señaló que yo no podría proteger a Nicole de todos los problemas de la vida–ninguna familia es perfecta. Sin embargo, yo podría tornar los errores, y aún las experiencias dolorosas, en oportunidades para ayudarle a manejar los problemas que experimentaría en la vida, de una manera divina.

Hasta ese momento, cada vez que ocurría una discusión, yo interactuaba con Nicole como si nada hubiese pasado. Aunque Hal y yo nos reconciliábamos, Nicole raramente veía esta faceta de nuestra relación. Para este momento, Hal y yo habíamos descubierto un modelo para pedir perdón y hacer oraciones de sanidad. Hal me expresaba que lamentaba mucho sus palabras hirientes y me pedía perdón. Entonces, él ponía su mano sobre mi corazón y oraba algo como esto: "Señor, he sido un instrumento de dolor para mi esposa; ahora te pido que me uses para ser un instrumento de sanidad. Por favor, sana las heridas que he infligido y restaura nuestro amor y cercanía." Luego, usando el mismo modelo, yo oraba por Hal con palabras que venían de mi corazón.

Al hablar acerca de qué tan poderosamente había impactado a nuestra relación este modelo de oración, ambos decidimos que sería una buena idea incluir a Nicole en estas oraciones de sanidad. Así que, en lugar de ignorar los problemas, comenzamos a hablar a Nicole acerca de ellos. Permitimos que ella supiera que nosotros sabíamos que nuestras peleas la lastimaban a ella y que le daban temor. Le dijimos que los dos nos pedimos perdón. Luego le pedimos que ella nos perdonara, también. Estos tiempos siempre terminaban con uno de nosotros poniendo una mano sobre su corazón y pidiéndole a Dios que sanara las heridas que le habíamos provocado y que nos uniera como familia, nuevamente.

Con los años, Hal y yo hemos aprendido a celebrar las diferencias de cada uno en lugar de discutir sobre ellas. Sin embargo, si no hubiéramos orado con Nicole a lo largo de las dificultades de la vida, ella quizás hubiera crecido herida y amargada. Ella quizás nunca hubiese aprendido cómo dar y recibir la oración de sanidad.

Las familias sufren de una variedad de heridas, conflictos y desafíos. El pensar, o incluso suponer que las oraciones durante las comidas, o a la hora de dormir pudieran sanar heridas profundamente arraigadas en el corazón–de un niño o los adultos—sería algo simplista y hasta erróneo. Pero la oración sí hace la diferencia. La oración *sí* sana a las familias heridas.

El tipo de oración que sana

Hay muchos tipos de oración, incluyendo oraciones de agradecimiento, intercesión, petición, declaración y guerra espiritual, por mencionar algunos. Así que, cuando hablamos acerca de oraciones de sanidad para los temas del corazón, estamos hablando acerca de un tipo de oración en específico que accede a los recursos del cielo de una manera particular, y logra la sanidad.

Es importante para nosotros—y para nuestros hijos— entender la naturaleza transaccional de la oración. Cuando oramos, se lleva a cabo una actividad espiritual en la dimensión celestial que no podemos ver con nuestros ojos naturales. La actividad espiritual—con implicaciones eternas—también se lleva a cabo *en nosotros*.

Por ejemplo, cuando hacemos una oración para recibir a Cristo como Salvador, las Escrituras nos dicen que somos transferidos automáticamente del "dominio de las tinieblas" al "Reino del Hijo de Dios" (Colosenses 1:13), y que estamos sentados con Cristo en los lugares celestiales (Efesios 2:6). Las cosas viejas pasaron, y somos hechos nuevos (2 Corintios 5:17). Esta es una obra espiritual que no podemos ver con nuestros ojos físicos, aunque la podemos experimentar a través de ellos; ser llenos del Espíritu, escuchar la voz de Dios y experimentar el poder en nuestras oraciones y paz en nuestros corazones.

Al mismo tiempo, seguimos viviendo en un mundo caído y estamos sujetos a una diversidad de ataques del enemigo (1 Pedro 5:8). Nos enfrentamos a desilusiones, rechazo y temor. Experimentamos relaciones rotas, cuerpos quebrantados y hogares rotos. Sufrimos pérdidas laborales, pérdidas de niños y pérdidas de sueños. Las familias cristianas, de seguro, no están exentas a estas luchas.

La oración de sanidad es una provisión que Dios ha hecho para nosotros para vencer los continuos ataques del pecado, el mundo en el que vivimos, y nuestro enemigo, el diablo. Jesús vino para librar a nuestros hijos—a través de *la oración*.

Las oraciones de sanidad van directo a las heridas en nuestros corazones y desatan la misericordia y el amor de Dios, similar a la manera en la que la oración de salvación va directo al quebranto en nuestros espíritus y desata la gracia y el perdón de Dios. Una gran diferencia es que solo tenemos que orar por salvación una sola vez. Podemos orar por sanidad una y otra vez.

Raíces y frutos

Muchas veces, cuando oramos con y por nuestros familiares con respecto a situaciones dolorosas, por lo que deberíamos de estar orando es por las causas raíz de esos problemas. Cuando la escritora de mayores ventas, Stormie O'Martian se convirtió en mamá, ella estaba preocupada de que algunos de los patrones de su difícil infancia aparecieran en su maternidad. Ella luchó contra el "fruto" del problema primero—tratando de controlar los sentimientos y comportamientos. Pero no fue sino hasta que ella se fue a la raíz del problema, que ella pudo ser libre. Ella relata:

Yo tuve sentimientos de ira y de rechazo levantándose en mí. Me di cuenta de que yo era una abusadora en potencia. Estaba inculcado en mí desde mi infancia por causa del violento abuso de mi madre hacia mí. La única manera en la que pude tratar con esta aterradora revelación fue pasando mucho tiempo en la presencia del Señor. Cada vez que yo caía delante de Él en total culpa y fracaso, Su amor venía sobre mí como un bálsamo sanador. Cada vez que yo clamaba a Él por liberación, entonces él fielmente me liberaba. Eventualmente, yo fui completamente liberada de mi ira y mis sentimientos de rechazo, y aprendí qué tan poderosa, tan misericordiosa, qué tan tierna y qué tan completa es Su Presencia. Finalmente llegué a entender la profundidad del amor de Dios para conmigo.[24]

Cuando permitimos que el pecado deliberado, las respuestas pecaminosas, o que incluso las emociones negativas se mantengan en nosotros, ya sean de rechazo o de ir–como lo experimentó Stormie–o enojo, dolor, temor, desilusión, o cualquier otra emoción que la circunstancia provoque, le damos "lugar" al diablo (Efesios 4:26-27). Lugares, no revisados, se convierten en fortalezas—hábitos grabados profundamente, pensamientos incorrectos y sistemas de creencias que "se levantan contra el conocimiento de Dios" (2 Corintios 10:4-5), y adquieren una influencia dominante en nuestras vidas y hogares. ¿Cómo puede esto no afectar a nuestros hijos?

El fruto de estas fortalezas aparece en los que llamamos conductas extremas tales como inmoralidad sexual, robo, mentira, adicciones, borracheras, arrebatos de ira, violencia, abuso y demás. Sin embargo, las raíces de estas fortalezas generalmente se construyen sutilmente a través de pecados del corazón como lo son amargura, falta de perdón, enojo y temor. Muchas veces,

---

24. Stormie O'Martian, *Lord, I Want to Be Whole* (Nashville, TN: Thomas Nelson Publishers, 2000), 92

estos frutos (o comportamiento) comenzaron como mecanismos de enfrentamiento por medio de los cuáles nos protegíamos del abuso, el rechazo, la desilusión y el temor. Pero mientras que continuamos en ellos como estilo de vida, crecen hasta funcionar como puertas abiertas para el enemigo en nuestras vidas, y nuestros hijos sufren las consecuencias.

Los adultos van primero

Cuando el asistente de vuelo da las instrucciones de seguridad al comienzo de todo vuelo en avión, escuchamos algo así como, "En el caso de pérdida de presión en la cabina, máscaras de seguridad caerán del techo. *Por favor asegura tu propia máscara primero, antes de asistir a los niños.*" Podemos aplicar directamente este principio a la oración de sanidad. No podemos esperar lograr o traer sanidad a nuestras familias a menos que estemos dispuestos a comenzar con ella primero nosotros.

No sería posible enumerar todas las situaciones imaginables en las que las familias podrían enfrentar un serio dolor del cuál necesitan sanidad, pero estas son solo algunas:

Adicciones (alcohol, drogas, pornografía, apuestas, etc.)
Situaciones de adopción
Muerte
Divorcio, familias mixtas
Efectos de abuso emocional, físico o sexual
Pleitos

Injusticia
Pérdida de trabajo o ingresos
Hijos pródigos
Enfermedades severas, discapacidades o accidentes
Embarazos fuera del matrimonio y/o aborto

En todas estas cosas, lo que se levanta en los corazones de los adultos y niños, por igual, son las cosas que mencioné temprano, como rechazo, falta de perdón, amargura y temor. En oración pídele al Espíritu Santo que te revele cualquier manera en la que estas raíces de amargura estén en tu corazón. Pídele a otros que oren con y por ti. Sé humilde y enseñable–no defensivo. En este nivel, se puede llevar a cabo la oración de sanidad.

La libertad es perdón

Jesús advirtió que las oportunidades para ofensas, piedras de tropiezo y tentaciones son inevitables (Mateo 18:7). Pero, no es inevitable que permitamos que se asienten en nuestros corazones y hogares. Cuando le damos lugar a la amargura, por consiguiente, le enseñamos a nuestros niños de que está bien vivir con falta de perdón. Por otra parte, cuando ponemos el ejemplo de mantener cuentas cortas—de estar yendo constante y consistentemente a la raíz de los asuntos del corazón, y perdonando y soltando a nuestros ofensores—le ayudamos a los niños a establecer patrones de por vida de salud emocional y plenitud.

El ofrecer perdón no necesariamente significa que las relaciones se tornarán color de rosa nuevamente. Perdonar significa que liberas a alguien de una deuda que tú sientes que tienen contigo, y, en el proceso, te liberas a ti mismo.

La amiga de Arlyn, Karan, vivió por muchos años con un enojo profundo y una amargura hacia su exesposo. Él había sido rudo con ella y con los niños, y la había traicionado, difamado y minimizado durante todos los años de su matrimonio. El tiempo de la Navidad era particularmente difícil, cuando ella tenía que rendir a sus tres hijos a él, y su nueva esposa, para las festividades. Una Noche Buena, mientras que a regañadientes preparaba a sus hijos para la visita de Navidad, ella clamó al Señor pidiendo que la librara de su amargura.

"Dale los platos," sintió que le decía el Espíritu Santo.

Cuando él se fue, su exesposo se había llevado la mitad de la vajilla a su nueva casa. Ahora Karan sentía que Dios le decía que envolviera la mitad de ella, y escribiera, "Feliz Navidad" en la caja, y la enviara, junto con los niños, como un regalo.

Mientras ella ponía el paquete en los brazos de los hijos, la carga de la amargura, enojo y resentimiento fue repentina y milagrosamente quitada de su corazón. Su amargura fue reemplazada por un corazón compasivo y un deseo de orar por su exesposo, junto con sus hijos, y bendecirlo. En su libertad, ella pudo ayudar a los niños a resolver sus propias amarguras y desarrollar relaciones amorosas con ambos padres. Ella perdonó, y tanto ella, como sus hijos, fueron sanados.

Enseñando a los niños a resolver la amargura

La oración puede entrenar a los niños a lidiar con los asuntos de raíz detrás de los conflictos entre hermanos, a aprender autocontrol y a extender perdón uno sobre el otro. La oración le ayudó a mi esposo, Hal, y a mí, a discernir el asunto de raíz detrás de un mal físico que estaba sufriendo Nicole cuando ella estaba en la escuela primaria, que de lo contrario, hubiera llevado a una intervención médica drástica. Nicole se quejaba de ardor en su estómago, náusea, y de no poder comer. Ella tenía todos los síntomas de una úlcera estomacal, por lo que la llevamos al gastroenterólogo. Aunque los exámenes no revelaron ninguna úlcera, sí apareció una irritación en las paredes del estómago. Después de varios cientos de dólares en cuentas médicas, no se había descubierto ninguna causa ni solución para el problema.

Durante este tiempo, Nicole había perdido muchas clases en la escuela y estaba atrasándose con sus tareas. Hal y yo estábamos orando juntos, a diario, pidiéndole a Dios que sanara el estómago de Nicole, sin embargo, el problema persistía. Una noche, mientras que Nicole estaba acostada en el sofá, envuelta en una cobija, quejándose de lo enferma que se sentía, Hal se puso a su lado para poder hablar y orar con ella. En pocos minutos, fue como si la luz se hubiera encendido en el espíritu de Hal.

"Nicole, ¿será que tú estás albergando resentimiento hacia alguien, y que esa sea la razón por la que Dios no está contestando nuestras oraciones?"

Nicole irrumpió en llanto. Inmediatamente, Nicole pensó en Jamie, una niña que recientemente se había matriculado en la escuela de Nicole. Jamie había comenzado, inicialmente, a andar con Nicole y ser su mejor amiga. Sin embargo, en poco tiempo, tensión comenzó a desarrollarse entre Nicole y la niña nueva. Parecía que se sentían amenazadas una por la otra. Nicole se arrepintió ahí mismo. En pocas horas, el dolor su estómago disminuyó y Nicole progresivamente se sintió mejor día con día.

Problemas naturales, raíces espirituales

Es verdad: a veces, los asuntos del corazón y del espíritu afectan nuestros cuerpos físicos. Arlyn experimentó este fenómeno cuando ella y Doug llevaron a su familia a un viaje en carretera desde nuestra casa en el estado de Washington hasta California, donde estaba la atracción de Disneyland. "A las pocas horas de haber llegado a nuestro hotel, Doug comenzó a sentirse mal físicamente, al punto de no poder salir de la cama. Por la mañana, no se estaba sintiendo mejor, y yo temía la posibilidad de llevar a cinco niños activos en medio de un parque de atracciones repleto de personas, yo sola. Todos nos reunimos alrededor de la cama, pusimos nuestras manos sobre Doug, y cada uno levantamos una oración para que Dios lo sanara. Interesantemente (y no recuerdo quién fue que lo oró), uno de nosotros oró que en el nombre de Jesús cualquiera de las estrategias del enemigo en contra de Doug, o de nuestra familia, fueran expuestas y derrotadas. Después, toda la tropa había corrido hacia abajo para tomar el transporte a Disneyland, dejando atrás a un Papá sintiéndose miserablemente.

"En la parada del autobús, donde el transporte del hotel nos recogía, Tyler (en aquel entonces de 16 años) tenía una mirada de congoja en su rostro."

"'Mamá,' dijo urgentemente, 'quédate aquí. No te subas al transporte. Ya voy a regresar.' Luego salió corriendo hacia nuestra habitación–y no regresó por veinte minutos. ¡Cuando regresó, tenía a su padre en pie!"

"El Espíritu Santo le había hablado a Tyler después de que oramos por Doug, señalando algunas actitudes y asuntos del corazón en Doug que habían sido evidenciados en nuestro viaje durante los pasados días. Tyler tenía la sensación clara de que estas habían dado "lugar" al enemigo (Efesios 4:26-27) para tratar de arruinar el tiempo juntos en familia."

"Entre lágrimas (porque él se estaba sintiendo, entendiblemente, extraño, trayéndole este mensaje a su papá, Tyler le dijo a Doug lo que estaba escuchando de parte del Señor. Doug tuvo la humildad para reconocer y admitir que Ty tenía razón. Él confesó el pecado, se arrepintió y recibió el perdón de Dios, y le pidió al Espíritu Santo que lo llenara y le ayudara a andar en un espíritu diferente. Doug bajó al transporte para unirse al resto de la familia, y para el momento en que llegamos a Disneyland, se sentía bien. Nos quedamos ahí hasta que el parque cerró, vimos el juego de pólvora ¡y tuvimos un tiempo maravilloso!"

Cuando oramos acerca de un problema físico que tiene una raíz espiritual, dependemos del Espíritu Santo para señalarlo, en Su tiempo, y tratar de ser sensibles a lo que Él nos podría estar diciendo. No debemos nunca imponer la idea de una raíz espiritual sobre alguien más, sino que debemos siempre someter, humildemente, a esa persona, para considerarlo en oración. Aún como padre de un niño, podemos decir lo que estamos escuchando por parte del Señor, pero sigue siendo la responsabilidad del niño arrepentirse si requiere de arrepentimiento. En la mayoría de las veces, nuestra primera responsabilidad, cuando discernimos un asunto de raíz, es *interceder*–para que sea expuesto y que la persona en cuestión (padre o niño) pueda escuchar la voz de Dios y responder.

Orar por enfermedades severas

Cuando un malestar no es el *resultado* de un tema espiritual, bien podría ser la *causa* de uno. Ante una enfermedad severa, Dios quiere sanar a las familias de cosas como temor, ira, desesperanza y tristeza, las cuáles podrían estar asociadas a un malestar.

El temor fue, ciertamente, un problema cuando el papá de Michael, Jeff, le dio un abrazo a Michael antes de dormirse y sintió una pelota en el antebrazo de Michael, cerca de su hombro. Cheri Fuller cuenta esta historia en su libro, *Cuando las familias oran*. Para Michael y sus padres, esta pelota causó una gran preocupación. Verás, a la temprana edad de 7 años, Michael era sobreviviente de cáncer.

Cuando tenía menos de un año de edad, Michael atravesó una agresiva quimioterapia, radiación y un trasplante de médula ósea para tratar el rápido avance de la leucemia. Su familia se enfrentó a la incertidumbre de la salud de Michael y la carga de una cuenta de $205,000 para el trasplante de médula ósea, un procedimiento que el seguro no cubría. Pero ellos habían visto la fidelidad de Dios una y otra vez. No solo entró en remisión el cáncer de Michael, sino que Dios proveyó para su cuidado a través de la comunidad que había hecho recolectas para el dinero del trasplante.

Ahora, un rayos-X mostraba una masa en el hueso y, en pocos días, Michael se sometería a más exámenes en el hospital de Niños de Portland, Oregon.

La primera vez que Michael tuvo leucemia, era muy joven para saber qué estaba pasando. Esta vez, él ya tenía la edad suficiente para estar un poco preocupado. Kristi se vio yendo a 1 Pedro 5:7. "Humíllense, pues, bajo la poderosa mano de Dios, para que Él los exalte a su debido tiempo. Depositen en Él toda ansiedad, porque él cuida de ustedes", leyó ella. Kristi le explicó a Michael que, "Aquello que te moleste, cualquier problema o preocupación, Jesús quiere tomarla porque Él te ama aún más que lo que te amamos mamá y papá, ¡y nosotros te amamos mucho!"

Luego, Kristi le hizo a su hijo una pregunta familiar: "¿Qué significa este versículo para *ti*, mi amor?"

"Significa que yo puedo poner al "Señor Pelota" en las manos de Jesús, ¡y ya no me tengo que preocupar!" respondió Michael, sus ojos azules brillando con confianza.

El corazón de su madre pegó un brinco. Su hijo de 7 años había entendido, por sí mismo, la exhortación de Pedro. Más importante, él confiaba en Dios. Después de ese día, Michael realmente no se preocupó. Michael poseía una confianza sencilla e impresionante que le permitía dejar esa pelota con Jesús, cuando la mayoría de nosotros nos vemos tentados a tomar nuevamente nuestras "pelotas", y cargarlas nosotros, tratando de ayudar a Dios a arreglarlas.

Una semana después, Michael se sometió a una serie de exámenes: un rayos-X, un escaneo de hueso, un ultrasonido y luego una resonancia magnética. A partir de esa evidencia, los doctores le dijeron a la familia que ellos creían que la pelota era una masa benigna producida por la quimioterapia y radiación previa, y que no había nada de qué preocuparse. Pero Michael ya sabía que no se debía preocupar. Él le había dado su pelota a Jesús.[25]

Conquistando el temor por medio de la oración

Como los niños son pequeños y el mundo es grande, las emociones fuertes–como el temor–pueden ser gigantes en la vida de un niño. Es importante ayudar a los niños a identificar sus temores y aprender a reemplazarlos con fe en la provisión y protección de Dios.

Los niños le temen a cosas que van desde el trueno y el relámpago, a monstruos imaginarios debajo de sus camas, hasta situaciones nuevas como empezar la escuela o subirse a un autobús por primera vez. O, como Michael, puede haber temas por los que podrían tener una razón genuina para estar preocupados.

---

25. Cheri Fuller, *When Families Pray* (Sisters, Or: Multnomah Publishers, 1999), 31–32.

Cuando nosotros nos referimos a sus temores como "necedad", estamos solo reforzando su inseguridad. Pero, cuando tomamos sus preocupaciones en serio y les ayudamos a llevar sus ansiedades delante del Padre Celestial, les dejamos saber que son importantes para nosotros y para Dios, y que realmente nunca están solos.

Pídele al Señor que te muestra si el temor, la ira o tristeza de tu hijo es una reacción emocional, o si está arraigada espiritualmente. Si está arraigada espiritualmente, pídele que te muestra dónde. Luego intercede para que esa raíz sea expuesta y el niño pueda estar dispuesto a reconocer y alejarse de ello.

Orando por hijos pródigos

Un amigo de Arlyn luchó para entender cómo y por qué su hijo, ya grande, terminó como estaba. Siendo un niño pequeño, su hijo evidenciaba un corazón para Dios. De adulto—descuidado, tatuado y rebelde—este joven era una fuente constante de preocupación, y hasta pena, para sus padres. Después de "una oración más" donde el papá le expresaba a Dios su frustración por la, aparente, falta de progreso en la vida de su hijo, el Espíritu Santo le habló.

"Te estás perdiendo lo que Yo estoy haciendo en la vida de tu hijos," sintió el pastor que le decía Dios. "Estás tan enfocado en lo que ves con tus ojos naturales que no puedes ver lo que yo veo."

Inmediatamente, el padre se arrepintió. Comenzó a darle gracias a Dios por quien Él había hecho que su hijo fuera, y por lo que Él estaba haciendo en su vida–aun si él y su esposa no lo podían ver.

Al poco tiempo, el hijo contactó a sus padres, diciendo, "Ustedes cambiaron la manera en la que han estado orando por mí, ¿cierto?" Los padres le dijeron que sí. "Bueno, síganlo haciendo," dijo el joven. ¡Sus padres no podían estar más sorprendidos!"

Orar por un hijo pródigo que se ha alejado de Dios, o por un muchacho que no quiere tener nada que ver con tu fe, puede ser una experiencia frustrante y dolorosa. En estos casos, se necesita de oraciones de sanidad, no solo por los muchachos mismos, sino también a favor de los padres, amigos y familiares que están orando por ellos.

Estas son algunas oraciones de sanidad para este tipo de familias dolidas:

Agradecimiento—¡Sí, agradecimiento! Sé agradecido por todo lo que Dios está haciendo, ya sea que lo puedas ver o no. Él está en control.

Perdón—Perdona a tu hijo por el temor que él o ella te haya causado, por la pérdida de sueños, reputación o armonía familiar. Perdónate a ti mismo por cualquier remordimiento que puedas tener con respecto a tu paternidad, las decisiones que has tomado o las cosas que hubieras querido hacer diferente.

La Palabra de Dios—Busca pasajes específicos que hablen de las promesas de Dios para ti, tus hijos, tu cónyuge o tus otros hijos. Adáptalas en oraciones que quiten el enfoque de las situaciones dolorosas y lo ponga en el Señor.

La perspectiva de Dios—Pídele a Dios que te muestre lo que Él está haciendo en la vida de tu hijo. Reconoce que Él es Dios y que Él creó a tu hijo con un diseño y un destino, y que Él es quien puede completar la buena obra que comenzó en la vida de ese niño (Filipenses 1:6).

Guerra espiritual—Declara la autoridad y victoria de Cristo obre las asechanzas del enemigo en contra de tus hijos (Isaías 54:17; Lucas 10:19; 2 Corintios 2:11). ora que el velo que el enemigo ha usado para cegarlos a la verdad del amor del amor y la salvación de Dios sea removido (2 Corintios 4:4), junto con cualquier obstáculo que les impida humillarse para recibir perdón y restauración.

Rendirte a ti mismo—Quita tu mirada de tu hijo como el problema, y pídele a Dios, "Señor, ¿qué quieres hacer en mí?" Permítete a ti mismo ser refinado y transformado.

La historia de José en Génesis 35–50 es una tremenda motivación para familias lastimadas. A pesar de una paternidad pobre, una extrema rivalidad entre hermanos, un conflicto amargo y una sorprendente traición—los propósitos de Dios prevalecen y la familia es sanada y restaurada. "Ustedes pensaron hacerme mal," le dijo José a sus hermanos, "pero Dios lo transformó en bien" (Génesis 50:20). Esta es la oración, la esperanza y la promesa para todas las familias heridas. Cualquier cosa que el enemigo haya querido hacer mal, Dios puede (y va a) usarlo para bien.

Más allá del hogar

¿Tu iglesia tiene grupos de oración y apoyo para familiares de hijos pródigos? Si no, considera abrir uno. Estas familias requieren de un cuidado espiritual y emocional especial–y a veces, hasta de apoyo práctico cuando el niño se comporta mal, termina en la cárcel o queda embarazada. A veces, sentimientos profundos de pena o vergüenza pueden hacer que se aíslen, o que anden usen una cara feliz para ocultar el dolor están sintiendo realmente. Sé sensible con las personas en tu congregación que podrían estar experimentando este tipo de situaciones. Ora por sus matrimonios y su relación con sus otros hijos. Sé alguien con quien puedan ser honestos acerca de las cosas que están atravesando en el momento, sin temor de juicio de tu parte. Tus oraciones y motivación pueden servir para llevar sus cargas–lo cuál cumple la ley de Cristo (Gálatas 6:2).

Satura a tu hijo con oración hoy mismo

Amado Padre Celestial, por favor sana a nuestra familia de las heridas que hemos infligido unos sobre otros. Por favor ayúdanos a dejar ir la amargura, los pleitos, la ira, la falta de perdón, el temor y la competencia. Pon tu mano sobre los temas de raíz en todas nuestras vidas que hacen que traigamos dolor y vergüenza sobre nosotros y los demás. Ayúdanos a invitarte a Ti a que entres a los lugares más dolorosos de nuestras vidas—aquellos lugares que no hemos querido ver. Ablanda nuestros corazones. Dame la revelación acerca de cómo orar y la sabiduría para tratar con los temas relacionales en mi familia de una manera que te agrade. Amén.

CAPÍTULO 5

CERRÁNDOLE LAS PUERTAS AL ENEMIGO

¡Estén alerta! Cuídense de su gran enemigo, el diablo, porque anda al acecho como un león rugiente, buscando a quién devorar. Manténganse firmes contra él y sean fuertes en su fe. (1 Pedro 5:8-9, NTV).

"¡Mamáaaaa!"

La pequeña voz de Hillary se oyó en toda la casa, despertándome (Arlyn) de otro sueño nocturno profundo. Durante el pasado mes, Hillary de 3 años y su hermano de 6 años, Timothy, se habían estado despertando cada noche, espantados de miedo. Algunas veces, hasta habíamos encontrado a Hillary vagando por toda la casa en plena madrugada, llorando—¡aun dormida!

"Señor," oré, "nuestros hijos, generalmente, tienen un sueño pacífico. No leen libros de miedo ni ven películas de terror. ¿Qué está pasando?"

Doug y yo recién nos habíamos concientizado acerca de la realidad de la guerra espiritual y del poder del Espíritu Santo que está disponible para nosotros por medio de la autoridad en Cristo Jesus. Los terrores nocturnos de Hillary y Timothy coincidieron directamente con un esfuerzo acordado, por parte nuestra, de introducir estos principios en el centro de la vida de oración de nuestra familia. Esta fue nuestra primera oportunidad para realmente aplicar en nuestra propia familia lo que habíamos estado aprendiendo en la iglesia.

Cuando le hablamos a nuestro pastor acerca de los terrores nocturnos de los niños, él sugirió que "oremos en" toda la casa—hacer un poco de "limpieza espiritual" de algún tipo. Esto nos pareció una buena idea. Además, ¡nada más había funcionado! Así que Doug y yo pasamos un tiempo orando juntos, pidiéndole al Señor que nos mostrara si había algo en nuestro hogar que pudiera estar dando acceso—una puerta abierta—al enemigo para atormentar a nuestros hijos.

En lo que oramos, dos cosas nos vinieron a la mente. Una era una imagen de un personaje amenazante de una película de ciencia ficción que Doug había traído a casa del trabajo y que había puesto en el cuarto de juegos de los niños. Lo otro que nos vino a la mente era menos obvia. Mientras que estábamos orando, Doug seguía viendo una imagen en su mente de una criatura animada, extraña. Cuando él la describió, ninguno de los niños sabía qué era, o lo que la imagen podría representar.

Doug le preguntó a Tyler, nuestro hijo mayor, si él todavía tenía sus tarjetas coleccionables por ahí. (Ya habíamos hecho una limpieza de estar, algunas de las cuáles retrataban imágenes de criaturas demoníacas.) Tyler dijo que ya se había deshecho de todas ellas. Aun así, Doug se siguió sintiendo atraído a la habitación de Tyler. Un día, él decidió sacar todo del clóset y hacer una búsqueda exhaustiva. Ahí, él encontró una caja de cartón llena de tarjetas deportivas coleccionables. Enterrada en medio de todas las tarjetas deportivas había una carta particular con una imagen, ¡muy similar a la que Doug había tenido en visiones!

"*Señor,*" oramos juntos, "*Te pedimos perdón que hayamos permitido que nuestros hijos jueguen con estas cosas que no son santas, ya que no creíamos en realidad, que el enemigo tuviera poder a través de ellas. Y te pedimos perdón por temer más a la reacción de los niños que lo que temimos de la Tuya.*"

Cuando pasamos por cada una de las habitaciones de la casa, le pedimos al Señor que nos mostrara qué podía ser ofensivo para Él. Nos deshicimos de cualquier cosa que el Espíritu Santo nos señalara, y ungimos todos los cuartos con aceite como un símbolo de consagración al Señor, y como una invitación a la presencia del Espíritu Santo.

También comenzamos a orar por nuestros hijos cuando se iban a la cama por la noche–no solo orar *con* ellos, *sino* orar por ellos. Le pedimos que los ángeles de Dios los rodeen y protejan. Atamos al enemigo, en el nombre de Jesús, de atormentarlos con pesadillas y terrores. Los niños eventualmente se unieron a esto y comenzaron a orar de esa misma manera cada noche: "*¡Ningún pensamiento o sueño malo–en el nombre de Jesús, Amén!*"

Los terrores nocturnos se detuvieron por completo y nunca más regresaron.

Puertas abiertas a través de objetos y actividades contaminantes

¿Te suena lejana y extraña la idea de necesitar cerrar puertas abiertas al enemigo—"limpieza espiritual"? No debería. Cuando oramos por nuestros hijos, tenemos que resistir a nuestra tendencia humana de mirar a las personas y situaciones solo a través de los ojos físicos, y verlos con ojos espirituales. Debemos estar alertas a lo que podría estar ocurriendo en la dimensión espiritual, así como en la dimensión natural. Esto podría ser, en parte, lo que Pablo tenía en mente cuando dijo, "Porque nuestra lucha no es contra seres humanos, sino contra poderes, contra autoridades, contra potestades que dominan este mundo de tinieblas, contra fuerzas espirituales malignas en las regiones celestes" (Efesios 6:12).

Las Escrituras nos dan muchos ejemplos de situaciones donde puertas fueron abiertas al enemigo en una familia o una comunidad a través de objetos y actividades contaminantes. En Génesis 31, Jacob, sin saber que Raquel, su esposa, había robado los ídolos de la casa de su padre, dijo vehementemente, "Pero si encuentras tus dioses en poder de alguno, *tal persona no quedará con vida*" (v. 32, énfasis agregado). Raquel, con engaño, escondió a los ídolos para que su padre no los pudiera encontrar al buscarlos (Génesis 31:35). Ella pudo haber sentido que era algo genial, o que se había salido con la suya con algo. Pero años después, en verdad, tuvo una muerte prematura (Génesis 35:16-19).

En Josué 7, Dios le ordena a los israelitas que no tomen ningún botín cuando tomaran la ciudad de Jericó. Más adelante, cuando el ejército israelí fue en batalla contra la aldea de Ai (lo cual debió haber sido una conquista sencilla), se dieron cuenta de que su campamento había sido corrompido cuando Acán trajo artículos robados a su campamento. No fue sino hasta que estos objetos en cuestión habían sido expuestos y removidos, que la maldición fue levantada e Israel, una vez más, fue victoriosa en batalla.

El principio fue expuesto bajo una luz positiva en el Nuevo Testamento cuando los cristianos efesios, "de los que practicaban la hechicería juntaron sus libros en un montón y los quemaron delante de todos" (Hechos 19:19). El pasaje continúa señalando el resultado de la limpieza: "Así la palabra del Señor crecía y se difundía con poder arrollador" (v. 20). ¡Nosotros podemos, de seguro, esperar los mismos resultados cuando modelamos la misma fe y obediencia!

Las Escrituras nos advierten que "estemos alertas" porque nuestro enemigo, Satanás, es un "león rugiente, buscando a quién devorar" (1 Pedro 5:8). Muchos de nosotros hemos sido inducidos a una sensación falsa de seguridad acerca de esto. Como aquel proverbio del avestruz, nosotros, los cristianos occidentales tendemos a tener nuestras cabezas en la arena con respecto a cuánta influencia puede ganar realmente el enemigo en nuestras vidas. Por causa de nuestra mentalidad de naturaleza amplia, tenemos a ignorar la idea de que meros objetos pueden tener cualquier influencia sobre nosotros, nuestros hogares y nuestros hijos. Pero sí pueden—y a veces sí la tienen.

No son solo ídolos y plumas de vudú de lo que debemos de preocuparnos. Películas de temática ocultista o sexual, ciertos libros y revistas, juegos de video y de computadora violentos y demoníacos, y fábulas—todas estas pueden ser puertas a través de las cuáles el enemigo puede obtener acceso para influenciar a nuestros hijos. Su meta es obstruir, oponer, corromper, pervertir y amedrentar la obra y el pueblo de Dios.

¿Qué tipo de objetos podrían abrir la puerta de tu hogar al enemigo? Estos podrían incluir los siguientes:

1. **Imágenes** de espíritus, ídolos, dioses extraños, criaturas demoníacas, las cuáles pueden incluir fotografías, pósters o estatuas.
2. **Símbolos,** libros, joyería e implementos de religiones falsas o sociedades secretas.
3. **Objetos de ocultismo**—cualquier cosa relacionada con lo oculto, incluyendo tablas de Ouji, horóscopos, parafernalia de predicciones del futuro, brujería, vudú, Nueva Era, etc.
4. **Objetos con temáticas** que sean sexuales, violentas, rebeldes o demoníacas, incluyendo libros, películas, música, videojuegos o revistas.
5. **Vínculos personales** con pecados pasados y violación, tales como fotografías, correspondencia, joyería, regalos, diarios, escritos.
6. **Identificación excesiva con la cultura del mundo**—esta es un área de libertad personal y discernimiento, pero ten cuidado de afiliaciones con mentalidades mundanas o destructivas tales como el materialismo, lo gótico, lo "punk", la música heavy metal y/o estilo de vida de tal, cultura de drogas y más.

Abriendo puertas a través de actividades contaminantes

Elaine se despertó con los gritos de su hijo y a tientas corrió por el pasillo hasta la habitación de Joey. Esto se estaba volviendo algo familiar. En la habitación de Joey, confortó a su hijo bañado en sudor. Así como lo había hecho muchas otras noches, ella lo tranquilizó y le aseguró de su presencia.

Elaine había llegado a su límite. Cuando apareció la luz del día, Elaine llamó a su amiga Joan, quien le sugirió orar en la habitación de Joey. Al hacerlo, más tarde ese mismo día, Joan sintió que algo andaba realmente mal en la habitación. Un retrato se formó en su mente de un niño siendo golpeado en esa habitación.

Elaine estaba estupefacta. Los terrores nocturnos de Joey a menudo disparaban sueños de alguien golpeándolo. Joan tomó la mano de Elaine y se arrodillaron junto a la cama pidiéndole a Dios que perdonara el pecado de abuso infantil que había ocurrido en esa habitación. Con autoridad en su voz, Joan le ordenó a la presencia maligna que se fuera. La habitación se iluminó y Elaine sintió una paz que no había sentido antes en ese cuarto.

Unas semanas después, Elaine estaba hablando con una vecina que conocía a los ocupantes de la casa. Ella decía que a veces escuchaba gritos y que la policía había venido varias veces. Ella creía que eventualmente el niño había sido retirado de la casa.[26]

---

26. Chuck D. Pierce y Rebecca Wagner Systema, *Protecting Your Home from Spiritual Darkness* (Ventura, CA: Regal Books, 2004), 47–49.

Puertas abiertas al enemigo pueden ser abiertas por medio de actividades pecaminosas, hirientes en un lugar físico o geográfico, tal como un hogar. Estas puertas también se pueden identificar y cerrar a través de la oración. A veces, el Espíritu Santo va a revelar puertas abiertas por medio de una impresión, la cual podría parecer más como una "corazonada" o un instinto. Podría venir por medio de una imagen mental mientras estás orando. Otras veces, podrías ser avisado por medio de un conocimiento natural de puertas abiertas potenciales a la influencia del enemigo en un hogar u otro edificio.

Cerrando puertas abiertas por objetos y actividades contaminantes

Si vas a hacer una limpieza espiritual en tu hogar–cierra con fuerza la puerta en la cara del enemigo y remueve la alfombra de bienvenida, por decirlo así–estos son algunos pasos que tú y tu familia pueden dar:

1. **Evalúa tu hogar con ojos espirituales.** Recorre tu casa, habitación por habitación, y toma nota de cualquier cosa que el Espíritu Santo no quiera ahí. Pídele que te revele, ya sea despertando tu espíritu, o a través de conocimiento natural, cualquier actividad corrompedora o pecado que haya ocurrido ahí.

2. **Remueve y destruye** cualquier cosa que tú sientas que pueda concederle una puerta abierta al enemigo. Renuncia a cualquier involucramiento en el que tú o tu familia hayan

tenido con ese objeto o cualquier actividad asociada con él. Pide por–y recibe—el perdón de Dios.

3. **Ordena a cualquier fuerza espiritual** que haya tenido acceso a tu hogar, por medio de objetos o actividades contaminantes, que se vaya, en el nombre de Jesús (Mateo 4:10; Lucas 10:19; Santiago 4:7).

4. **Ora por el poder purificador** y la presencia de Dios que permeen esa habitación y tu casa entera. Quizás quieras usar aceite para ungir las puertas, ventanas y mobiliario (en la mayoría de las librerías cristianas tienen aceite para ungir). El aceite puede ser un recordatorio de la sangre de Jesús, así como un símbolo del Espíritu Santo mismo.

5. **Llena tus habitaciones nuevamente** y tu casa entera con objetos y actividades de la presencia, gloria y santidad de Dios. Pon música de adoración. Oren juntos, como familia, en diferentes habitaciones de la casa. Hagan declaraciones, en el nombre y la autoridad de Jesús, de que la casa le pertenece al Señor. Proclama en voz alta, como lo hizo Josué: "Por mi parte, ¡mi familia y yo serviremos al Señor!" (Josué 24:15)

Puertas abiertas a través de pecado generacional

Las semejanzas familiares son algo gracioso. A veces, son genéticas, como el pelo colocho de mi hijo (Arlyn), o la particular vértebra adicional que tengo en la base de mi columna (que es cortesía de mis ancestros maternos escoceses). A veces, aprenden estos rasgos, como la curiosa manera de mi esposo de arrugar su nariz por debajo de sus lentes, así como lo hace su papá. Yo salí, por mi propia familia de origen, con la barbilla hundida de mi padre, la risa de mi hermana, y los graciosos dedos de los pies de mi madre.

Lamentablemente, las semejanzas familiares, a veces, pueden ser negativas. La gente puede tener una predisposición genética y emocional a defectos y trastornos: asma, cáncer y diabetes; ansiedad, depresión y enfermedad mental. Patrones destructivos tales como ira, abandono, pobreza, adulterio, deslealtad, adicción y abuso pueden proliferar a lo largo de las familias–aún las familias cristianas–de generación en generación.

Muchas familias se ven a sí mismas enfrentándose a problemas que, a pesar de todos los esfuerzos por hacer lo contrario, parecen, tercamente, resistir el cambio y la sanidad. Aconsejamos, intervenimos, oramos e intercedemos; incluso, hasta intentamos cada cosa que sabemos para cambiar el ciclo–sin embargo, los patrones continúan, desafiando, tercamente, intervención física, psicológica o espiritual. Las puertas parecieran mantenerse abiertas al enemigo, a pesar de todos los esfuerzos por cerrarlas. ¿Por qué será?

Una familia cristiana, desesperanzadamente, vio a su hijo adolescente pasar de usar nicotina, a marihuana, a heroína– luego se volvió adicto. Ellos oraron. Su familia extendida e iglesia oraron. Ocasionalmente, el muchacho se arrepentía y trataba de estar limpio, pero cada vez recaía en las drogas y en robar para mantener su adicción.

Un día, en oración, el Espíritu Santo trajo a la mente del tío del muchacho, que las generaciones previas de su familia habían sido marcadas por alcoholismo y contrabando de alcohol. Cuando le preguntó a los miembros de la familia de más edad, ellos corroboraron esto. Aunque la rama de la familia de ellos había sido cristiana y libre de alcohol por dos generaciones, las generaciones previas habían sido atacadas por la adicción. Bajo una observación más de cerca de la familia extendida, había indicaciones que el problema estaba aún presente—simplemente había sido "cristianizada" en comportamientos compulsivos y adicciones más aceptables. De hecho, el mismo tío había sido libre de una adicción, años atrás.

¿Estaban relacionadas todas estas cosas? ¿Había alguna correlación entre los patrones de las generaciones pasadas y las de la actualidad? ¿Sería posible que los pecados del pasado extendieran una sombra de adicción sobre esta familia?

Sombras generacionales

Algunos problemas aparentan resistir tercamente la sanidad y el cambio, porque están energizados espiritualmente por el enemigo por medio de puertas abiertas que son de naturaleza "generacional"–como la adicción de la familia extendida de nuestra amistad. Así como la sombra generada por una persona puede hacer que la oscuridad caiga sobre otra persona, los pecados de las generaciones que nos preceden pueden tener repercusiones sobre las vidas de nuestras familias hoy día.

El concepto de pecado generacional es difícil de digerir para los cristianos occidentales, quizás porque vivimos en una sociedad tan individualista. A diferencia de otras culturas que son más orientadas hacia la comunidad, a nosotros los occidentales, se nos hace más difícil aceptar el cargar la responsabilidad por el comportamiento de otros. Tenemos la tendencia a negar que nuestras acciones puedan tener un impacto espiritual profundo sobre las personas a nuestro alrededor. Sin embargo, hay evidencia, tanto espiritual como práctica, que el impacto espiritual del pecado pueda ser compartido por una familia o comunidad, y aún de ser pasada de generación en generación.

Por ejemplo, en Josué 7, cuando Acán tomó un objeto prohibido de la ciudad de Jericó, la mano de Juicio de Dios vino en contra de toda la comunidad israelí. De manera similar, cuando David buscó al Señor concerniente a la hambruna que había estado plagando la tierra por tres años, Dios le dijo que era el resultado de un pecado generacional (2 Samuel 21:1-9).

Generaciones subsecuentes, en verdad, pueden vivir a la "sombra" de un pecado cometido por sus padres, abuelos o bisabuelos. Por ejemplo, podrías saber de un abuelo alcohólico cuyo hijo y nieto también se hicieron alcohólicos, o una abuela que fuera madre soltera a una corta edad, cuya hija y nieta siguieron el mismo camino, aún luego de haber prometido que no lo harían. Mientras que las Escrituras son claras en que cada persona es individualmente responsable por la culpa de su propio pecado, también revela que las familias y comunidades cargan con las consecuencias espirituales de los pecados cometidos dentro de ellas.

Cuando el sobrino de nuestra amistad, finalmente, consintió una intervención por su adicción a la heroína, el tío, simultáneamente, intervino a nivel espiritual. En el curso de varios días, él fue delante del Señor en oración: ayunando, arrepintiéndose e intercediendo. Así como lo hicieron Daniel y Nehemías, él intervino delante del Señor, identificándose con los pecados de adicción que habían sido característicos de él mismo, su familia extendida y las generaciones previas. En guerra espiritual, él cerró puertas al enemigo que había permitido que este patrón fuera en aumento de generación en generación. Y algo poderoso sucedió.

Los doctores del muchacho se asombraron. Su abstinencia a la heroína fue impresionantemente indolora, una de las más fáciles que habían visto. Años después, él sigue limpio.

Cuando las familias, en fe, llevan la responsabilidad del arrepentimiento sobre ellos mismos, por las puertas abiertas al enemigo en generaciones pasadas, Dios honra y bendice esas oraciones, así como lo dice en Levítico: "Pero si confiesan su maldad y la maldad de sus padres, y su traición y constante rebeldía contra mí, entonces me acordaré de mi pacto con Jacob, Isaac y Abraham, y también me acordaré de la tierra" (Levítico 26:40-42).

¿Cómo podemos saber si un pecado es generacional, y puede afectar el futuro de nuestros hijos? Existen varios posibles indicadores:

1. *Experiencia*—El problema se resiste tercamente ante intentos genuinos por parte del individuo por cambiar, incluyendo oración, consejería o intervención médica.

2. ***Observación e investigación***—El problema se puede ver visto en otros familiares de varias formas o en distintos niveles. Los familiares de mayor edad confirman que ha sido un problema en generaciones pasadas. Mira tu árbol genealógico. Trata de identificar adicciones o pecados que son (o eran) característicos en las vidas de los familiares. ¿Puedes ver algún patrón?
3. ***Discernimiento***—Tienes una sensibilidad al Espíritu Santo de que "hay más que lo que el ojo puede captar." Jesús se basó en tal discernimiento para asegurar que la enfermedad de aquel hombre *no* era generacional (Juan 9:3).
4. ***Revelación profética***—El Espíritu Santo habla clara y definitivamente en oración o trae una palabra de conocimiento (1 Corintios 12:8), ya sea a ti o a otra persona, de que ese problema es de naturaleza generacional. Él podría o no revelar el origen. A veces, el punto de acceso original del pecado, en el linaje familiar, podría estar tan atrás que no existe memoria de él en las generaciones actuales. En este caso, se debe actuar sobre esta revelación en fe.

Cerrando puertas generacionales

Aquí hay un modelo de cómo podrías orar por los problemas de pecado, ya sean generacionales o de otro tipo. Esta no es una forma para reemplazar tu conversación con el Señor, guiada por el Espíritu Santo. Es simplemente una herramienta para ayudarte. Si tus hijos tienen la edad suficiente para entender, entonces ellos pueden orar contigo también.[27]

1. Arrepiéntete del pecado. Llámalo lo que sea. Podría ser una actitud del corazón, tal como amargura, rebelión u orgullo. Podría ser un comportamiento, como el abuso del alcohol, inmoralidad o robo. En instancias donde has sido herido o abusado, el pecado no es la ofensa que se cometió en tu contra. El pecado es tu respuesta humana (o la de tu hijo) a él–falta de perdón o amargura, por ejemplo. Reconocer estos como respuestas pecaminosas y confiésalas. Luego concédele perdón al ofensor en tu corazón.

Ejemplo de oración: *Señor, yo me arrepiento del pecado de _____. Acepto la responsabilidad en nombre de nuestras generaciones al confesar y arrepentirme de este pecado. Me identifico con él y pido Tu perdón. Yo perdono a aquellos que han hecho mal contra mí y confío que Tú tratarás con ellos, y los libero de cualquier obligación o deuda hacia mí.*

"Para que sean borrados sus pecados, arrepiéntanse y vuélvanse a Dios, a fin de que vengan tiempos de descanso de parte del Señor." (Hechos 3:19)

2. Reprende al enemigo. Reprende cualquier influencia del enemigo en tu vida (y las vidas de tu familia) por causa de este pecado, en el poder de la muerte y resurrección de Jesús y en la

---

27. Adaptado de Mike and Cindy Riches, *Foundations of Jesus Ministry* (Tacoma, WA: Revalesio Ministries, 2006), 52–53, 111–116.

autoridad de su nombre. Jesús dijo esto en Mateo 4:10 cuando dijo, "¡Vete de mí, Satanás!" Pablo reprendió al enemigo en Hechos 16:18 cuando ordenó al espíritu inmundo que dejara de atormentar a la niña. Como discípulos de Jesús, tenemos esta autoridad, también, en nuestras vidas y las vidas de nuestros hijos. (Lucas 10:19)

Ejemplo de oración: *Así como Jesús, yo le ordeno a cualquier influencia del enemigo, a través del pecado de _____ que se vaya, en el nombre y la autoridad de Jesús. En el nombre de Jesús, yo cierro la puerta al enemigo, que ha estado abierta en mi familia, por causa de este pecado, y echo fuera las sombras que puesto sobre las generaciones.*

"Así que sométanse a Dios. Resistan al diablo, y él huirá de ustedes." Santiago 4:7)

3. Reemplaza lo viejo. Las actitudes, acciones y emociones energizadas por el enemigo necesitan ser reemplazadas por aquellas que reflejan el carácter de Cristo Jesús y la verdad de la Palabra de Dios. En oración (y obediencia) desarrolla un nuevo estilo de vida.

Ejemplo de oración: *Señor, yo reemplazo la antigua manera de pensar y actuar con pensamientos y acciones que sean consistentes con Tu Palabra y Tu carácter.* Por ejemplo, reemplaza el temor y/o control con fe y confianza. Reemplaza orgullo con humildad. Reemplaza ira con compasión y demás. Ayuda a tus hijos a reemplazar el egoísmo con generosidad.

"Con respecto a la vida que antes llevaban, se les enseñó que debían quitarse el ropaje de la vieja naturaleza, la cual está corrompida por los deseos engañosos; ser renovados en la actitud de tu mente; y ponerse el ropaje de la nueva naturaleza, creada a imagen de Dios, en verdadera justicia y santidad." (Efesios 4:22-24)

4. Recibir de Dios perdón y purificación. A solas o con tu hijo(s), pídele a Dios que te llene nuevamente con su Espíritu Santo para que seas fortalecido para pensar, comportar y sentirte correctamente.

Ejemplo de oración: *Señor, yo recibo tu perdón. Gracias por tu misericordia y compasión hacia mí. Gracias porque tú remueves mi pecado como lo lejos que está el oriente del occidente. Por favor, lléname con tu Espíritu Santo y dame las fuerzas y el poder para vivir en la verdad, obediencia y libertad, de ahora en adelante.*

Pablo dijo, ". . . sean llenos del Espíritu." (Efesios 5:18)

Más allá del hogar

Cuando los padres y líderes de iglesia trabajan juntos, saturar a los niños en oración, aún con todo este tipo de problemas, puede ser aún más comprensible y efectivo. Cerrar puertas al enemigo en un hogar es algo que necesita ser hecho por parte de la familia, pero a menudo empieza con líderes espirituales, tales como ministros infantiles, líderes juveniles y pastores. Maneja este tema con gran discernimiento y diplomacia. Ofrece sugerencias, pero nunca las impongas sobre otra persona.

Cuando nuestra iglesia se mudó a un nuevo edificio que tenía muchos años de antigüedad, nuestros equipos de oración pasaron varios días y noches orando por todo el edificio y cerrando puertas espirituales por medio de las cuáles el enemigo podría internet traer oposición a la obra de Dios ahí.

En una sección en particular del edificio, los equipos de oración sintieron una opresión oscura y tenían impresiones de abuso infantil y gran temor. En fe, ellos intercedieron en contra de, y ordenaron a cualquiera presencia del enemigo que se fuera en el nombre de Jesús, y oraron por que la presencia pacífica del Espíritu Santo permeara esas habitaciones. Oraron que las habitaciones fueran un remanso del consuelo, gozo y amor de Dios para los niños que vendrían ahí para aprender a conocer a Jesús. Luego, descubrieron, por medio de residentes de mucho tiempo en el área, así como relatos de periódicos viejos, que, en verdad, ahí hubo un terrible escándalo de abuso infantil hace muchos años atrás. Cuando personas, que antes habían conocido esas habitaciones anteriormente, las visitan ahora, reportan que hay una diferencia perceptible en el ambiente espiritual, o la sensación de las habitaciones. La oscuridad y la pesadez se han ido por completo, y hay una sensación genuina de diversión, gozo y la pacífica presencia del Señor ahí.

Satura a tu hijo con oración hoy

Señor amado, yo te doy gracias por la promesa de que nos has dado autoridad sobre todos los poderes del enemigo, y que ningún arma suya que es lanzada en contra nuestra quedará en pie (Lucas 10:19, Isaías 54:17). Yo declaro que yo y mi casa te serviremos a ti y solo a ti, y que nosotros y nuestros hijos están bajo la protección de la preciosa sangre de Jesús. Te pido que me muestres, Espíritu Santo, cualquier puerta abierta en nuestras vidas, nuestros hogares, o nuestras generaciones, que le dé al enemigo la oportunidad para oponerse, atormentar o afligirnos y a nuestros hijos. En el poder y la autoridad de Jesús, le cerramos estas puertas al enemigo. Pedimos que la presencia pacífica de Tu Espíritu reine en nuestro hogar y que la protección de Tus ángeles envuelva a nuestro hogar—e hijos—en todo tiempo. En el nombre de Jesús, amén.

CAPÍTULO 6

Entrenamiento en oración 101

No les ocultaremos estas verdades a nuestros hijos; a la próxima generación le contaremos de las gloriosas obras del Señor, de su poder y de sus imponentes maravillas—incluso los niños que aún no habían nacido—, y ellos, a su vez, las enseñarán a sus propios hijos. (Salmo 78: 4,6 NTV)

Durante los años en que Nicole estaba en preescolar, mi vida estaba ocupada en extremo. Con nuestro ministerio en crecimiento, radicado en nuestra casa, yo (Cheryl) sentía que mi vida personal y familiar estaba siendo estrujada. Nuestra máquina de fax y fotocopiadora estaban metidas en nuestra habitación principal, y la mesa de la cocina funcionaba como mi escritorio. Mi tiempo era consumido entre servir como asistente personal de mi esposo, junto con mi ministerio de enseñanza, llevando al día nuestra casa y corriendo detrás de nuestra hija de 3 años.

Parecía que el único tiempo que tenía para pasar a solas con el Señor era muy temprano por la mañana. A menudo me despertaba a las 4:00 a.m. Me levantaba de la cama, caminaba de puntillas hacia el sofá de la sala para orar, mirando por la ventana al cielo nocturno. Sin importar el silencio con el que pasaba frente a la puerta de Nicole, generalmente era solo cuestión de minutos en el que escuchaba el sonido de pies pequeños y veía su silueta en el marco de la puerta con una almohada y arrastrando una cobija detrás.

"¿Qué estás haciendo, mami?" me preguntaba.

"¡Estoy orando, mi amor! Este es el tiempo de mamá para hablar con Dios."

Al principio, traté de convencerla de que se regresara a la cama. A esta altura de mi vida, no reconocía que estaba por perderme y una maravillosa oportunidad para invitar a Nicole a mi "closet de oración—para demostrar mi amor por Dios y un modelo de una vida de oración. Después de que me di cuenta de que todo mi tiempo de oración sería usado en una batalla para lograr que ella se regresara a la cama, comencé a invitar a Nicole a sentarse conmigo en silencio durante mis tiempos de oración. Envuelta en una cobija caliente, ella se acurrucaba al lado mío y me escuchaba mientras susurraba mis oraciones a Dios. A veces ella se quedaba dormida al lado mío. La mayoría de las veces, los primeros rayos del Sol nos encontraban sentadas juntas en la presencia del Señor.

Por otro lado, Hal generalmente hacía caminatas de oración por las tardes. Nicole todavía habla de cómo ella disfrutaba cabalgar sobre los hombros de su papi mientras que él caminaba por el vecindario y derramaba su corazón delante de Dios.

Lo he escuchado decir muchas veces, que la oración se "contagia" más que lo que se "enseña". Si esto es verdad, entonces involucrar a tus hijos en tus tiempos de oración es la mejor manera de estar seguro de que vas a pasar el legado de oración a la próxima generación.

Keith Wooden, en su libro Enseñando a los niños a orar, dice, "un 'nicho de oración' que esté abierto a la bulla intrusiva de los niños podría ser la mejor oportunidad que tengas para demostrar tu reverencia y amor por Dios. Invítalos a ese Lugar Santísimo a degustar de la presencia del Señor contigo." Los niños necesitan tener ese sentir de que Dios vive en su hogar y que Él está disponible para ellos.[28]

Tenemos que permitir que nuestros hijos vean nuestras vidas de oración. Puede que oremos todo el tiempo, pero si nuestros hijos nunca nos ven orar, eso podría obstaculizar su proceso de aprendizaje. Los niños nos están viendo siempre, y nuestras acciones a menudo tienen un efecto mucho más profundo en sus vidas que lo que hablan las palabras.

¡Qué maravillosa responsabilidad y privilegio tenemos–de enseñar, entrenar y mentorear a la próxima generación en oración! Este es, obviamente, una de las funciones más importantes de padres, maestros y líderes de iglesia. Dios constantemente ordenó a Israel a que enseñara Sus caminos a su simiente, a que les instruyera Sus estatutos, y que les transmitieran las historias de Su fidelidad (Salmo 78:2-7). Estos son 8 conceptos que tú puedes usar para entrar a los niños en tu vida a crecer en su experiencia de oración.

---

28. Keith Wooden, *Teaching Children to Pray* (Grand Rapids, MI: Zondervan, 1992) 27.

1. Enfatiza que la oración es una relación con Dios.

Querido Dios,
¿Qué haces con las familias que no tienen mucha fe? Hay una familia, en la siguiente cuadra, que es así. Yo no quiero que se metan en problemas. No quiero decir quién. Te veo en la iglesia. Alexis (edad 9)[29]

A menudo, sonreímos ante las inocentes oraciones de los niños, algunas que no son tan religiosas, pero esa es la manera en la que queremos que oren–que hagan lo que les sale natural. Queremos que crezcan bajo un acercamiento sencillo a la oración, teniendo conversaciones naturales con Dios. ¿Qué aprendería un niño que está mirando tu vida de oración? Si un niño nos ve orando en maneras apagadas y repetitivas, van a ver la imagen opuesta de la oración a la que queremos que obtengan. ¿Cómo podrían entonces ver la oración como algo emocionante? Pero si oramos con el corazón, los niños verán la frescura y el poder de nuestra relación con Dios.

2. Enseña los atributos de Dios

No es ni medianamente importante enseñar a los niños la mecánica de la oración como lo es ayudarles a conocer a la persona a quien le están orando. Entre más los niños entienden quien Dios es, de manera más íntima y confiada pueden orar.

---

29. David Heller, *Dear God* (New York: Doubleday), 1987.

Una manera en la que puedes ayudar a que tus hijos crezcan en su conocimiento de quién es su Padre Celestial y cómo es Él, es llevarlos a que llenen un cuaderno de los atributos de Dios. Susan Lingo sugiere esta idea en su libro, *Enseñando a nuestros hijos a orar.* Cada página puede contener una letra del alfabeto junto con un versículo correspondiente de las Escrituras. Anima a tus hijos a que escriban, en las palabras originales, las verdades que él o ella está descubriendo acerca de Dios, que corresponden con esa letra del alfabeto. Podrías pedirle a tu hijo que anote sus "cosas favoritas" acerca del Padre Celestial, o que las ilustren a través de dibujos.[30]

Cuando Nicole era pequeña, yo le ayudé a aprender más acerca de Dios, enseñándole el Padre Nuestro. Esta no era tanto una manera de que ella *memorizara* la oración, sino que era para que aprendiera a usarla como un *modelo* de oración. Yo me sentaba al lado de ella y le hablaba acerca del Señor y lo fiel que Él había sido con nuestra familia. A veces, yo imponía mis manos sobre su cabeza y cantaba o hablaba oraciones sobre su vida. Estas, a menudo, se centraban alrededor de lo mucho que Dios la ama y qué tan preciosa es ella para Él. En lo que Nicole crecía, yo la invitaba a que se involucrara en el tiempo de oración–que fuera mi compañera de oración. Como yo estaba usando el Padre Nuestro como un modelo en mi propio tiempo de oración, usábamos cada parte de la oración para guiarnos.

---

30. Susan Lingo, *Teaching Our Children to Pray,* (Cincinnati: Standard Publishing, 1997) 73.

Cuando orábamos "Padre Nuestro que estás en el cielo . . ." Yo paraba y hablaba sobre cómo podemos identificar a Dios como "Abba", o, nuestro Papá. Algunos niños, quizás no hayan tenido buenas experiencias con sus padres naturales, por lo que es importante decir algo así como, "Tu Padre Celestial es aún mejor que tu propio padre porque Dios nunca comete errores y Su amor por ti es perfecto."

Cuando oramos, "Santificado sea tu nombre," yo le explicaba que Dios tiene distintos nombres, y que cada uno de ellos nos dice algo especial acerca de quién Él es. Hablamos acerca de Jehová Shalom, nuestra paz, y le pedíamos al Señor que calmara nuestros corazones en medio de cualquier circunstancia perturbadora que estuviéramos enfrentando. Hablamos de que Dios es Jehová Rafa, nuestro sanador, y luego llevamos nuestros dolores físicos y emocionales a Él. Nicole aprendió que Jehová Jireh es su proveedor y que ella le podía pedir que supliera para todas sus necesidades. En lo que continuamos con el Padre Nuestro, nos dio la oportunidad para hablar acerca de que Dios perdona nuestros pecados, nos fortalece para resistir la tentación, nos protege del maligno y más.

3. Enseña a los niños a orar la Palabra de Dios.

Muchos niños (y, por cierto, adultos) nunca maduran en sus vidas de oración porque carecen de un vocabulario de oración. Sin embargo, cuando usamos las Escrituras para ayudarnos a formular nuestras oraciones, nos abre toda una manera nueva para hablar con Dios–palabras nuevas, conceptos y cosas nuevos acerca por las cuáles orar. Por ejemplo, podemos pedirle a Dios que nos conceda un espíritu de sabiduría y de revelación (Efesios 1:17). O, un niño podría orar para crecer en sabiduría y en estatura y en favor para con Dios y los hombres (Lucas 2:52). Un niño con la Palabra de Dios sembrada profundamente en su corazón, y un entendimiento del concepto de orar las Escrituras, está equipado para orar en diversas circunstancias de la vida que él o ella pueda enfrentar.

Por meses, cuando Nicole tenía alrededor de cinco años, yo había estado, diligentemente, tratando de enseñarle a orar la Palabra de Dios. Entonces, un domingo, después del servicio, noté que Nicole había arrinconado a nuestro pastor y estaba teniendo, lo que parecía, una conversación seria. Después, me di cuenta de que ella le estaba preguntando si podía cantar un solo en la iglesia.

Más adelante, esa semana, el pastor se nos acercó y nos dijo que, en verdad, le gustaría que Nicole cantara un solo. Al estar sentada al lado nuestro el siguiente domingo por la mañana, esperando para ser llamada a subir, yo sentí que estaba segura de yo ser la única con mariposas en el estómago. Pero, unos segundos después, sentí una pequeña mano tomar la mía.

"Mami, ¿puedes orar conmigo?" me preguntó.

"¡Por supuesto, mi amor!" Le respondí.

"Solo que te pongas de acuerdo conmigo mientras yo oro," me dijo.

Luego comenzó a citar un versículo–uno que yo nunca le había enseñado: "Cuando tenga temor, en ti confiaré." Me dijo, "Ahora sí voy a estar bien."

Minutos después, con 50 niños alrededor de ella, y los ojos de 500 adultos puestos sobre ella, Nicole se paró sobre la plataforma, derecha y confiada, cantando, "Señor, que sea tu sierva." Fue un testimonio tanto para mí, como para Nicole, de que orar la Palabra de Dios libera un poder tremendo.

4. Entrena sus oídos para escuchar la voz de Dios

"Pero, ¿cómo podemos escuchar a Dios?" preguntan, a menudo, los niños. "¿Cómo podemos escucharlo de la misma manera en que escuchamos a nuestra mamá llamándonos para cenar?"

Dick Eastman lo explica de esta manera:

Generalmente, cuando escuchamos a Dios significa que nuestros corazones reciben una idea de parte de Él. Este es un ejemplo: Yo apunto hacia el cielo y digo en voz alta, 'el cielo es azul.' Pero, también puedo cerrar mis ojos y decir, en silencio, en mi mente, el cielo es azul. Para mí, las palabras dichas en mi mente son tan claras como las habladas en voz alta. Son palabras reales, aún cuando mis oídos no las pueden escuchar. Cuando escuchamos a Dios de esta manera, se le dice "la suave voz de Dios.[31]

Los niños deben saber de que Dios les quiere hablar. Debemos ayudar a los niños a aprender a escuchar la voz de Dios, a

---

31. Dick Eastman, "Hotline from Heaven," *Pray*Kids Magazine Issue #6, Hearing God (Colorado Springs, CO: NavPress 2001).

sentirse cómodos con el silencio de la oración. Jesús dice, "Yo soy el buen Pastor, y mis ovejas conocen mi voz" (Juan 10:27).

Jocelyn Shover comparte cómo ella tuvo una experiencia emocionante aprendiendo a escuchar al Espíritu Santo cuando ella tenía apenas 9 años de edad. Una noche, a la hora de dormir, mientras que Jocelyn y sus padres oraban juntos, comenzaron a hablar sobre la necesidad de, no solo pedir cosas a Dios, sino de sacar el tiempo para escucharle a Él. Poco tiempo después de que Jocelyn callara su corazón, sintió que Dios le dijo que su familia iba a adoptar una niña y llamarla Bethany.

Un año después, cuando sus padres visitaban Tailandia, la madre de Jocelyn escuchó al Señor decirle que ella y su esposo iban a adoptar a una niña de otro país. Les siguieron muchos obstáculos; sin embargo, tres años y medio después de que Jocelyn escuchara al Espíritu Santo en oración, los Shover le dieron la bienvenida a su hogar a una niña. ¿Su nombre? Por supuesto, Bethany.[32]

La iglesia Victory Christian Center, en Tulsa, Oklahoma, ha formado equipos de oración de niños para que los niños puedan ministrar a otros niños durante su Escuela Bíblica de Vacaciones. Un día, el Espíritu de Dios le habló a una niña del equipo de oración de que Él quería que ella orara por un niño llamado Justin durante el tiempo de ministración. Ella no conocía a nadie llamado Justin, pero ella se ofreció y terminó orando por un niño que quería aceptar a Jesús. Él también tenía algunos

---

32. Jocelyn Shover, ""My Sister Bethany," *Pray*Kids! Magazine Issue #6, Hearing God (Colorado Springs, CO: NavPress 2001).

pecados que quería confesar. Después de leer 1 Juan 1:9, Jocelyn oró por él para recibir a Jesús. Después que terminara el tiempo de oración, el niño le contó que su nombre era Justin.[33]

¡Una gran razón de por qué los niños necesitan aprender a escuchar la voz de Dios es porque algún día eso podría salvar sus vidas! A menudo, yo le digo a los niños y adolescentes que Dios quiere advertirles de un peligro latente. Si ellos sintonizan sus oídos para escuchar Su voz, Él va a guiar sus pasos para alejarlos de cualquier mal.

Doug y Arlyn están agradecidos porque su hija, Heather, aprendió a escuchar la voz de Dios a una temprana edad y ha seguido haciendo el escuchar a Dios una parte de su estilo de vida. Una mañana de domingo, de camino a la iglesia, Heather conducía sola por la autopista. Ella iba detrás de una camioneta y una vagoneta, cuando tuvo una impresión particular de que debía de pasarse de carril. Inmediatamente, Heather obedeció esa impresión en su espíritu, y en una milésima de segundo, la vagoneta se desprendió de la camioneta que la jalaba, disparada rumbo al lugar mismo donde Heather había estado conduciendo. Aún en el otro carril, por poco colisiona contra la vagoneta la cuál se incrustó en el respaldo de la carretera. Gracias a Dios nadie salió lastimado. Heather se salió de la autopista y detuvo su auto el tiempo suficiente para recomponerse y le dio gracias a Dios por hablarle sobre pasarse de carril en el momento correcto. ¡Escuchar la voz de Dios le salvó la vida!

---

33. Jonathan Graf, "Nuts and Bolts of Developing Children in Prayer," NALCPL, 2001.

5. Comparte que Dios responde ante la fe sencilla

Una de las mejores maneras para instaurar la fe en los niños es compartir con ellos sobre la fidelidad de Dios. Cuando los padres, maestros y obreros en la iglesia le cuentan a los niños sus historias de fe más cercanas, generalmente no pasa mucho tiempo para que el niño empiece a tener sus propias historias de fe.

Mientras que nosotros vivíamos bajo un presupuesto estrecho, trabajando en el ministerio a tiempo completo, nuestra hija creció escuchando las historias de cómo Dios había provisto fielmente para nuestras necesidades. Ella escuchaba nuestras historias de oraciones contestadas con respecto a provisión para las compras, los pagos de la casa, la matrícula de la escuela cristiana, automóviles y tiquetes de avión. A través de esto, ella aprendió a confiar en Dios para sus necesidades personales, incluyendo sus vestidos para la Pascua, dinero para viajes misioneros y sanidad de problemas estomacales, así como dolores del corazón.

Hal y yo le enseñamos lo que dice la Biblia acerca de la conexión entre la fe y la oración contestada. Nicole se sabe muchos versículos de memoria, tales como, "Esta es la confianza que tenemos al acercarnos a Dios: que, si pedimos conforme a su voluntad, él nos oye." Ella recita "Crean que ya han recibido todo lo que están pidiendo en oración, y lo obtendrán" (Marcos 11:24). Este principio de fe es mucho más fácil para los niños aferrarse a él que los adultos.

Como resultado, en más de una ocasión, Nicole nos ha enseñado acerca de una fe como niño, en lugar de lo contrario.

Recuerdo vívidamente cómo Nicole comenzó a rogarme que la dejara tomar clases de piano cuando era aún pequeña. En ese momento, no teníamos aún un piano y no teníamos el dinero para que ella tomara lecciones. Al final, después de varios meses yo llamé a una maestra de piano y agendé su primera lección. Milagrosamente, Dios proveyó para el pago de las primeras semanas, y Nicole iba a la casa de una vecina para practicar sus lecciones.

Este escenario continuó por unas cuatro semanas, hasta que, un día, Nicole se me acercó, "Yo pensé que Dios quería que yo tomara clases de piano," dijo ella. "Pero no me ha dado un piano."

"Yo sé, mi amor" le respondí.

"Bueno, ¿qué te parece si oramos así?" preguntó ella. "Dios, si tú quieres que tome clases de piano, entonces necesito que me des un piano. Si no me quieres traer un piano, entonces yo lo voy a tomar como que Tú no quieres que yo tome clases."

"Eso es como realmente poner a Dios contra la pared," le dije. "Aunque yo nunca haya orado así, suena bien."

Para el final de la semana, recibimos una llamada de unos amigos preguntando si les podíamos ayudar a quitarse un piano de encima. El piano tenía casi 100 años de antigüedad con un banco de sonido agrietado, pero estaba perfecto para un estudiante iniciando clases de piano.

Dos años más tarde, Nicole estaba lamentando el hecho de que algunas de las teclas de su piano no funcionaban. Ella insistió que si quería continuar las clases, tendría que tener un mejor piano.

"Tendrás que conseguir un piano de la misma manera en que conseguiste el primero," le dije.

Ella oró, y 6 semanas después, su tía Freddy le envió un piano, casi nuevo–su tía había decidido que, probablemente, nunca tendría el tiempo para aprender a tocarlo, entonces por qué no regalarlo.

Unos meses después, Nicole llegó a casa de la escuela y anunció que su campamento Brownie había sido puesto para la misma semana que su recital de piano. "¿Me puedo perder mi recital de piano?" preguntó.

Como cualquier padre responsable, le respondí, "¡Jamás!"

"Entonces, ¿puedes orar conmigo para que cambien la fecha del recital de piano?

"¡De ninguna manera!" afirmé con fuerza. ¡Dios no va a cambiar la fecha de tu recital de piano! El recital está a tan solo una semana, y tú sabes lo difícil que es para tu maestra encontrar una fecha que calce bien con las agendas de 15 familias diferentes. Simplemente, vas a tener que perderte tu campamento Brownie."

A la mañana siguiente, mientras se vestía para la escuela, Nicole me dejó saber, con poco tacto, que mis palabras de incredulidad habían "aplastado su fe." Sin embargo, ella sentía que podía reunir la suficiente fe para orar sin mí, y que, quizás, ella podría lograr que su papá se pusiera de acuerdo con ella en oración, de camino a la escuela.

Había poco que podía hacer para no reírme. Todavía me estaba riendo cuando, a las 9:30 de la mañana, de ese mismo día, el teléfono sonó. Era Debbie, la maestra de piano de Nicole.

"Lo siento terriblemente," dijo Debbie, "¡pero voy a tener que reagendar el recital de piano de este fin de semana!"

Aquel día, Nicole me enseñó algo de la fe de los niños, ¡y yo aprendí que Dios movería los cielos y la tierra si fuera necesario responder a las oraciones llenas de fe de una pequeña niña!

6. Enseña a los niños a manejar la desilusión con la oración

Esto podría parecer contrario a mis puntos anteriores: a veces, Dios no responde a nuestras oraciones en el tiempo o la manera en que sentimos que debería. Es importante para los niños desarrollar una relación con Dios que vaya más allá de esperar recibir todo lo pedido en oración.

Dios no contesta nuestras oraciones en la manera que le hemos pedido por varias razones. Quizás, la petición no está dentro de su voluntad. Otra veces, flaqueamos en nuestra fe. A veces, pedimos con motivaciones incorrectas, o hay pecado en nuestras vidas. Hay otras veces, en que nuestras oraciones no son contestadas inmediatamente, porque la petición no está en el tiempo de Dios.

Los niños hacen preguntas y, cuando sea posible, debemos darles respuestas. Sin embargo, debemos cuidarnos de dar respuestas ilusorias. A veces, no habrá respuestas para dar.

Cuando nuestro amigo de 16 años, Mathew Buckley, se ahogó en el Salt River, unos años atrás, oramos por un milagro—sin embargo, el milagro por el que estábamos confiando en Dios no vino. Nuestra familia, y la Faith Life Academy asistimos al funeral. Lloramos mucho, y todos le hicimos toda clase de preguntas a Dios. El punto final es: no importa lo que suceda, sigue confiando en Dios. Él es fiel. Aquí es donde nuestras acciones como padres y maestros hablan más que las palabras. En tiempos de crisis y desilusión, los niños observan para ver si realmente creemos lo que enseñamos.

7. Ayuda a los niños a recibir y dirigir la oración de salvación

Afortunadamente, una de las primeras oraciones que un niño puede aprender es aquella que él o ella pueda hacer para recibir a Cristo Jesús como su Salvador personal. El niño debe tener un verdadero encuentro con el Dios vivo para que su vida sea transformada espiritualmente. Orando con palabras propias, o siendo guiado en oración por alguien más, el niño debe creer en su corazón y confesar con su boca que Jesús es Señor.

Más adelante, es importante que el niño aprenda la importancia de orar por otros para que vengan a Cristo, incluyendo cómo guiar a alguien más en la oración para salvación. Aquí hay un modelo de oración guiando a un niño a Cristo. También es una buena oración para que un niño memorice para que estén preparados para llevar a alguien más a Jesús.

Amado Padre en el cielo, hoy te doy mi vida. Por favor, perdóname por todas las cosas que he hecho mal y límpiame. Yo creo que Jesús es tu Hijo y que Él pagó el precio por mis pecados con su sangre en la cruz. Te pido, Jesús, que entres a mi corazón y me salves.

Gracias por escuchar mi oración y perdóname. Ahora sé que soy cristiano. Cuando muera podré estar con Jesús en el cielo para siempre. Por ahora, te tengo viviendo en mí todos los días. Eres mi mejor amigo. Gracias, Señor, por salvarme. Amén.

Más allá del hogar

Para enseñar a los niños los atributos de Dios, los líderes de ministerios infantiles, Mike y Dottie Steczo, han preparado unas 40 estaciones de oración en los pasillos de la Escuela Dominical en su iglesia en Colorado Springs, Colorado. El enfoque de cada estación es un rectángulo pintado en la pared con un color diferente. En la parte superior de cada uno hay un nombre de Dios, o una de sus características (tales como "Él es nuestro Padre," "Dios es nuestro Protector," "Jesús es la Roca," "Él es nuestra Salvación"). Dentro de cada rectángulo hay Escrituras y oraciones que describen cada nombre o atributo.

A las familias en la iglesia se les anima a adoptar una estación de oración que signifique algo especial para ellas. Las familias sellan su adopción dejando huellas de las manos con colores brillantes alrededor de la estación que escogieron. Las familias bajan por los pasillos, pueden meditar en los nombres de Dios, conversar la verdad de la característica, leer las Escrituras u orar por quien Dios ponga en sus corazones—su familia, amigos perdidos, la nación o los niños del mundo. La iglesia también ha producido diarios de oración para niños que corresponden con las estaciones de oración. Y las estaciones de oración se han vuelto tan populares que muchas familias las han reproducido en sus hogares usando alguna pizarra, marcadores de colores y fotografías.[34]

Satura a tu hijo con oración hoy

Padre Celestial, yo levanto a _____ delante de ti, hoy. Yo oro que _____ aprenda la importancia de pasar tiempo enfocado contigo todos los días. Por favor, dame sabiduría para entrenar a mi hijo en el ministerio de la intercesión. Cruza a otros en el camino de _____, aquellos a quienes él o ella pueda admirar, que le modelen una vida de oración. Que _____ aprenda a orar con pasión y poder, para hacer batalla contra el enemigo, y escuchar Tu voz. Que el curso de la historia sea cambiada por causa de la vida de intercesión de _____. Yo oro esto en el nombre de Jesús–nombre que es sobre todo nombre. Amén.

---

34. *Pray!* (May/June 2001), 11.

CAPÍTULO 7

MÁS ADENTRO Y MÁS ARRIBA

Ningún ojo ha visto, ningún oído ha escuchado, ninguna mente ha imaginado, lo que Dios tiene preparado para quienes lo aman. Pero fue a nosotros a quienes Dios reveló esas cosas por medio de su Espíritu. Pues su Espíritu investiga todo a fondo y nos muestra los secretos profundos de Dios. (1 Corintios 2:9-10 NTV).

"Rápido," dijo Peter, "no hay ningún otro lugar," y abrió de par en par el guardarropa. Susan Edmond y Lucy saltaron de cerca. Apretados dentro del clóset, los cuatro niños se metieron entre los abrigos, sus rostros rozando contra la tela mientras se abrían su camino hacia el final. En lo que entraban más, encontraron una segunda fila de abrigos colgados detrás de la primera. Al abrir su camino, los niños dieron dos pasos, luego tres. *¡Es impresionante cuánto espacio había dentro!*

De pronto, se encontraron, no caminando entre abrigos, sino con algo duro y áspero, y hasta punzante. Pues, ¡se sentía casi como ramas de árboles! La temperatura estaba bajando rápidamente, y al mismo tiempo, los niños sintieron algo frío y crujiente debajo de sus pies. Luego, vieron una luz por delante . . . y un momento después, los niños se vieron parados en medio de un bosque nevado.

Detrás de ellos quedó la puerta del ropero abierta. Podían aún ver la habitación vacía del otro lado. Pero, por este lado del ropero, los niños habían entrado en otro país–un mundo extraño y maravilloso donde estaban a punto de encontrar una variedad de aventuras de intriga y feroces batallas.

Los niños en *Las Crónicas de Narnia*, de C.S. Lewis, aprendieron con cada nueva aventura y batalla: entre "más adentro y más arriba" vayas, ¡más grande se vuelve todo! Así como lo descubrieron Peter, Susan, Edmund y Lucy cuando entraron en el ropero: el interior era más grande que el exterior.[35]

Así sucede con la oración.

El significado y el misterio del clóset de oración

Llega el momento cuando no es suficiente solo orar por y con nuestros hijos. Ellos deben desarrollar sus propias relaciones personales con el Señor. Quizás quieras introducir el concepto de tiempo a solas con Dios al hablar con tus hijos acerca del significado y el misterio del clóset de oración.

Jesús habla sobre un lugar especial para la oración en Mateo 6:6. La versión Reina Valera habla sobre un "aposento de oración"; la Nueva Versión Internacional describe una habitación donde puedes cerrar la puerta. Representa un lugar silencioso

---

35. Adaptado de C.S. Lewis, *The Last Battle* (New York, NY: Macmillan Publishing Company, 1956), 147–158.

donde nos encontramos con Dios–para hablar con Él, para adorarle, para leer Su Palabra y para escuchar lo que Él nos quiere decir. Este podría ser, literalmente, un clóset o habitación, o quizás otro lugar especial, tal como una silla favorita, la banca de un parque o debajo de un árbol.

Podrías presentarle a tu hijo la idea de un clóset de oración, hablando sobre diferentes tipos de roperos. Por ejemplo, los roperos de habitación contienen ropa y zapatos. El clóset de tu baño podría contener toallas y productos, mientras que el clóset de un pasillo podría tener fotos antiguas y muchas memorias.

"¿Cuáles son algunas de las cosas que podríamos encontrar en un clóset de oración?" Sugiere cosas como una Biblia, fotos de personas por las que estás orando, música de adoración, papel y lápiz para anotar peticiones de oración y aquellas cosas que Dios habla a tu corazón.

Más importante, un clóset de oración es un lugar donde podemos disfrutar de las cosas de Dios. Estas cosas son muy reales, aunque no las podamos ver con nuestros ojos naturales, así como la amistad con Dios, la voz del Espíritu Santo, la armadura de Dios y el poder para cumplir la misión de Dios para nosotros sobre la tierra.

Aunque los roperos de oración son un poco diferentes de los otros tipos de roperos, son similares en un sentido. Así como los otros tipos de roperos mantienen nuestras pertenencias ordenadas, pasar tiempo en el clóset de oración mantiene nuestras vidas limpias y en orden. En el clóset de oración, aprendemos a poner primero lo primero. Cuando entramos en el clóset de oración, encontramos propósito y dirección para nuestras vidas.

A veces, tenemos que limpiar la basura en nuestros roperos. En el ropero de oración, sin embargo, Dios limpiará la basura en *nosotros*. Podríamos entrar con culpa y vergüenza, o un problema grande para el cuál no tenemos respuesta. Cuando llevamos estas cosas a Jesús, podemos salir sintiéndonos limpios y en paz. Anima a tus hijos a pensar en una repisa imaginario en su clóset de oración donde pueden dejar todas sus penas, pecados y cargas con Dios.[36]

Quizás, el salmista David tenía un clóset de oración en mente cuando escribió: "Tú eres mi refugio; tú me protegerás del peligro y me rodearás con cánticos de liberación" (Salmo 32:7).

La maravilla y el misterio del clóset de oración es este: no importa qué tan adentro o qué tan arriba vayas, siempre hay más para que puedas ver. Justo cuando llegamos al pináculo del ascenso en nuestra montaña, descubrimos todo un mundo expuesto para nosotros–rogando exploración y lleno de aventuras espirituales sin final. A los niños les intriga la aventura. Les gusta la acción. Eso es lo que andan buscando en el cristianismo. No quieren solo oír acerca de héroes de la fe, quieren hacer las proezas por ellos mismos. Dicen, "No me enseñes solamente acerca de David y Goliat. Yo mismo quiero matar algunos gigantes." Los niños tienen hambre de experiencias sobrenaturales como las que escuchan en la Biblia.

---

36. Concepto del significado de ropero (o clóset) de oración desarrollado por Sandi Powelson.

Los niños y las aventuras con el Espíritu Santo

Muchas veces, los niños tienen mucho conocimiento de Dios Padre y Jesús, el Hijo, sin embargo, no tienen mucha enseñanza o experiencia con el Espíritu Santo. El Espíritu Santo es la persona de la Trinidad que está a cargo de lo sobrenatural aquí en la tierra. Lo único que tenemos que hacer es pedir, y Él vendrá.

En ninguna parte en la Biblia encontramos que las aventuras sobrenaturales están reservadas para personas de más de 21 años de edad. De hecho, Dios promete que Él derramará de su Espíritu sobre nuestros niños y jóvenes: "Después de esto, derramaré mi Espíritu sobre todo el género humano. Los hijos y las hijas de ustedes profetizarán, tendrán sueños los ancianos y visiones los jóvenes" (Joel 2:28).

Mi hija, Nicole, conoció al Espíritu Santo cuando era pequeña. Después de eso, las experiencias sobrenaturales eran comunes en su vida (Cheryl).

Una ocasión en particular ocurrió en el último día de vacaciones en Rocky Pointe, México. Recién habíamos terminado de cargar el automóvil y nos estábamos preparando para salir de nuestra residencia vacacional cuando Hal notó que el automóvil estaba sin gasolina. Dejándonos a Nicole y a mí atrás, tomó prestado uno de los cuadraciclos del garaje y salió en busca de la estación de gasolina más cercana.

Pasó una hora, luego dos, luego tres. Cuando el sol comenzó a bajar, yo me empecé a preocupar. "Creo que debemos orar por tu papá," le dije a Nicole.

No habíamos orado por mucho tiempo, cuando Nicole dijo: "Mamá, yo creo que papá está atascado en el barro en alguna parte."

"Estoy segura de que está bien," le dije para consolarla.

"¡No, no lo está!" insistió. "Papá está pegado en el 'lodo cenagoso.' El Señor me acaba de mostrar una foto de él en un pantano." Las dos recordamos el versículo en Salmo 40:2 "Me sacó de la fosa de la muerte, del lodo y del pantano; puso mis pies sobre una roca, y me plantó en terreno firme." Así que oramos que justo eso hiciera el Señor. Al poco tiempo, Hal regresó–cubierto de barro de pies a cabeza. Él explicó que había decidido tomar un atajo a través de una zona seca y árida–para descubrir que debajo de la superficie árida había un pantano cenagoso. Tuvo que caminar hasta el pueblo y pagarle a una grúa para que rescatara el cuadraciclo.

¡El Espíritu Santo podría venir a nosotros o a nuestros hijos en maneras que nos sorprenden! Le puedes hacer estas preguntas a los niños para abrir el tema:

- ¿Has experimentado algún momento cuando estabas orando por alguien y sentiste que tenías que llorar por esa persona?
- ¿Has visto alguna imagen en tu cabeza, mientras orabas, de una necesidad que alguien haya tenido o una imagen de lo que estaba pasando?

- ¿Te sorprendiste cuando pasaron estas cosas? ¿Oraste? ¿Qué cosas terminaron pasando? [37]

Los niños podrían experimentar aventuras con el Espíritu Santo de las siguientes maneras, entre otras.

Sueños—A veces, los sueños pueden ser una manera en la que Dios nos habla acerca de circunstancias que requieren oración. Es importante explicarles a los niños que Dios no quiere que les sucedan cosas malas. Entonces, si un niño ha tenido un sueño sobre alguna situación en la que le sucede algo malo a una persona, anímalo a orar sobre eso. El enemigo podría estar tratando de asustar al niño, o Dios podría estar llamando al niño a interceder y prevenir que ocurra una mala situación. No deberíamos reaccionar con intensidad a cada sueño que tenga un niño, sin embargo, es importante ayudar al niño a saber que Dios puede usar sus sueños para hablarle.

Ayuno—A menudo, pensamos en el ayuno como algo que solo hacen los adultos. Sin embargo, el ayuno es una disciplina espiritual que necesitamos enseñarle a nuestros hijos. Cuando callamos nuestras mentes y vidas y entregamos los deseos naturales, aumentamos nuestro apetito espiritual y podemos oír con más claridad la voz de Dios. No queremos, necesariamente, motivar a nuestros niños a que se salten una comida. Sin embargo, pueden ayunar postres, bebidas gaseosas, televisión, videojuegos o alguna otra actividad. Anímalos a que aparten

---

37. Arlyn Lawrence, *Pray! Kids Teacher's Guide* (Colorado Springs, CO: NavPress 2005) 149.

un tiempo de oración y lectura de la Biblia, en lugar de estas actividades.

Caminatas de oración—Una de las maneras más emocionantes de aventura espiritual que un niño pueda emprender es una caminata espiritual. Es orar en los lugares mismos donde esperamos que Dios pueda responder–tales como vecindarios, escuelas, iglesias, negocios y edificios gubernamentales. Como lo señala Steve Hawthorne, la caminata de oración no trata solo sobre caminar y orar a puertas abiertas. Es acercarse para orar con más claridad.[38] La próxima vez que tu familia salga a una caminata juntos, ¿por qué no orar por las personas que ven y los edificios por los que caminan?

La familia de Arlyn hacía caminata de oración, regularmente, por el vecindario durante meses y vieron a dos familias venir a Cristo–padres e hijos. Una de esas familias fue a la caminata de oración con la familia de Arlyn para acompañarlos a orar por el vecindario, y sucedieron cosas aún más sorprendentes. Pasaron por una casa vacía y oraron que Dios la llenara con una familia cristiana. Lo hizo, y no solo eso, ¡sino que más adelante trajo a otra familia cristiana a vivir en la casa cruzando la calle de esa!

Cuando haces caminatas de oración con tus hijos, podrías enseñarle fotografías de escuelas u otros lugares en el vecindario donde planeas ir en tu caminata de oración. Dale a tu hijo la oportunidad de orar por las cosas que ven y los lugares a los que

---

38. Steve Hawthorne, "Stepping Out with Jesus," *Pray*Kids! Magazine Issue #8 Prayerwalking (Colorado Springs, CO: NavPress 2002).

van. Al regreso, pídele a tus hijos que hablen sobre lo que vieron. Permíteles que hablen de las cosas que observaron, así como la condición del vecindario, las personas que vieron y lo que piensan que está en el corazón de Jesús por quienes viven ahí.

Batallas espirituales

Hemos oído a algunos padres y líderes cristianos aconsejar en contra de enseñar a los niños acerca de la guerra espiritual y el diablo. Dicen que al hacerlo podemos asustar a los niños. Estamos en desacuerdo.

En un mundo lleno de violencia doméstica, balaceras en escuelas y ataques terroristas, la mayoría de los niños están bien conscientes de que el mundo es un lugar peligroso. Soltar a los niños en un mundo sin el entendimiento de quién es el enemigo—y la autoridad que tenemos en Cristo—es como enviarlos a la guerra sin armas.

Sumado a enfrentar amenazas a su bienestar físico, los niños de hoy día enfrentan una batalla por sus mentes y sus almas. Sólo echa un vistazo a los departamentos infantiles de las librerías, la sesión de libros de cómics en los supermercados, películas, las fábulas de los sábados por la mañana y, lamento decirlo, aún los currículos de nuestras escuelas. Descubrirás evidencia de las trampas de Satanás puestas estratégicamente para atraer a nuestros hijos al lado oscuro de lo sobrenatural—brujas, hechizos, fantasmas y toda rama de lo oculto incluyendo vudú y adoración satánica. Debemos asegurarnos que nuestros hijos estén llenos del Espíritu Santo para que no sean tentados a llenar su hambre espiritual por lo sobrenatural con un espíritu inmundo.

Tomando autoridad—Para que los niños sean exitosos en la batalla espiritual, necesitan saber quién es Dios, quién es su enemigo y cómo "tomar la autoridad" que tienen en Cristo. Asegura al niño de que Dios ya ha ganado la batalla contra Satanás, porque Dios es más poderoso. Por la muerte de Jesús en la cruz para pagar el precio del pecado, los cristianos–aún niños–tienen garantizada la victoria sobre el diablo. "Tomar autoridad" simplemente significa ordenar, en voz alta, que alguna actividad actual, o potencial, del enemigo sea cerrada, así como vemos en Mateo 4:10; Lucas 10:19; hechos 16:18; Santiago 4:7 y 1 Pedro 5:9.

Una manera de demostrarles autoridad espiritual a los hijos es compararla con ser "nombrado caballero." Los niños se pueden familiarizar con la antigua costumbre británica de nombrar caballero a alguien. Cuando una persona es nombrada caballero, le es conferido autoridad para pelear en nombre del rey, así como el honor de ser conocido por pertenecer al servicio del rey y ser su soldado (Filipenses 2:25; 2 Timoteo 2:3; Filemón 1:2).

Para ilustrar esto, tal vez puedas organizar una ceremonia de nombramiento. Reúne a tus hijos en un círculo. Si tienes una espada de juguete, puedes "nombrar caballero" a cada niño (tocarlo levemente en cada hombro con la hoja de la espada). Puedes decir algo así como, "Kevin, por causa de tu fe en Jesús, eres un soldado de Cristo Jesús." Jesús te ha dado la autoridad para pelear en su nombre y tener la victoria sobre todo poder del enemigo. ¡Sé fuerte y valiente!" Repítelo con cada niño, insertando su propio nombre. Luego, dale la oportunidad de dar gracias a Dios por el privilegio de servir en Su ejército. Recuérdales que le den gracias a Dios, también, porque Él les da el poder sobre los engaños del enemigo cuando pelean en el nombre de Jesús.[39]

Allyson, de 10 años, aprendió a usar la autoridad de Cristo sobre las batallas espirituales que estaba enfrentando, luchando con sentimientos de temor y de soledad. A menudo ella sentía que nadie la amaba, ni siquiera sus padres. En la escuela, a veces, otras niñas estaban en clubes y excluían a Allyson. O la dejaban entrar por un tiempo y luego la sacaban. Allyson, a menudo, tenía sueños repetitivos que la atormentaban. Cuando despertaba, lloraba y se sentía asustada y sola.

Después de un tiempo, Allyson empezó a darse cuenta que estaba en una batalla—pero no contra personas. Ella estaba en una pelea contra el enemigo, que es un espíritu. Esto era guerra espiritual, y Allyson sabía que tenías que responder peleando.

Le pidió a Jesús que la ayudara. Recordó que la Biblia dice, "Pues Dios no nos ha dado un espíritu de timidez, sino de poder, de amor y de dominio propio" (2 Timoteo 1:7). Le pidió a Jesús que le diera poder y amor, y que se llevara el temor y los sentimientos de no ser amada. Le ordenó al enemigo que se fuera en el nombre de Jesús y que dejara de tratar de hacer que

---

39. Arlyn Lawrence, *PrayKids! Teachers Guide* (Colorado Springs, CO, NavPress: 2005), 41.

ella se sintiera temerosa, triste y sola. El Señor siempre la hacía sentir más fuerte y le recordaba cuánto Él la ama.

Cuando los sentimientos parecen regresar, Allyson sabe qué hacer: "Yo oro—¡en voz alta! El enemigo tiene que escuchar a Jesús, ¡y Jesús vive en mí!" [40]

Orando por nuestros enemigos—Como ex maestra de escuela, he visto de primera mano lo crueles que pueden ser los niños entre ellos. Ya sea quedando fuera de un grupo, ser perseguido por ser diferente o ser acosado por ninguna razón, los niños de escuela a menudo se sienten como una langosta en tierra de gigantes. Lidiar con el rechazo de los amigos y compañeros de clase puede ser una de las batallas más grandes que enfrentan los niños y jóvenes. Equiparlos para orar y responder, de una manera cristiana, a sus enemigos es una de las armas de guerra más poderosas que podemos poner en sus manos.

Escuché de una niña, en los años sesenta, que enfrentó una persecución inimaginable en su propia comunidad. En lo que caminaba de la escuela a la casa, personas agitadas se reunieron en la calle gritando, maldiciendo y amenazando con matarla.

¿Por qué? Porque Ruby Bridges era negra. La primera niña de raza negra en asistir a una escuela de blancos. Y en New Orleans, en 1960, las personas detestaban la idea de que niños negros y blancos se sentaran en el mismo salón de clase que Ruby necesitaba para protegerla de ambiente diario de odio.

---

40. Allyson Miller, *"Enemy, Get Lost," Pray!*Kids Magazine Issue #5 Spiritual Warfare (Colorado Springs, CO: NavPress 2006), 3.

Pensarías que Ruby y su familia cederían ante la presión. Aún si ella no dejaba la escuela, de seguro terminaría deprimida y asustada. Pero no lo hizo. Ruby estaba gozosa, feliz de estar en la escuela. Aún su maestra no lo podía entender.

"Sabes, yo no entiendo a esta niña," le dijo su maestro, Robert Coles, a un psiquiatra que estaba viendo a Ruby, para ver cómo estaba manejando la presión. "Ella se ve muy feliz."

El Dr. Coles tampoco lo entendía. De seguro, había algo malo con Ruby, que ella no estaba dejando ver. No podía, claramente, estar tan gozosa como se veía.

Un día, el maestro de Ruby la vio detenerse fuera de la escuela y hablar con la multitud. Abrumado, el maestro se lo mencionó al Dr. Coles.

Esa noche, el Dr. Coles fue a la casa de Ruby para averiguar qué había pasado. "Ruby," le dijo, "tu maestro me dijo que te vio hablando con esas personas afuera de tu escuela, hoy."

"Oh, no estaba hablando con ellos," respondió Ruby, "Solo estaba orando por ellos."

Todos los días, Ruby y su familia oraban por las personas que les gritaban. ¿Por qué? "Porque," explicó Ruby, "ellos necesitan oración."[41]

Nuestros hijos, probablemente, nunca encontrarán la severidad de oposición y persecución que vio Ruby, pero todavía los podemos equipar para responder a sus enemigos de la misma

---

41. de "The Inexplicable Prayers of Ruby Bridges" by Robert Coles, *Finding God at Harvard,* Kelly Monroe, ed. (Grand Rapids, MI, Zondervan: 1996), 33ff.

manera en que lo hizo ella. La espada del Espíritu, la Palabra de Dios, es un arma de guerra poderosa. Jesús ordenó: "Amen a sus enemigos y oren por quienes los persiguen" (Mateo 5:44).

Rompiendo maldiciones—Una de mis mejores amigas me confió, recientemente, que su hijo llegó a casa de la escuela y anunció, "¿Sabías que Josh y su mamá son wiccanos?" Mi amiga estaba desconcertada. Ella no tenía idea que su hijo estaba siendo expuesto a cosas como la religión Wicca o brujería. Los niños son expuestos a lo oculto regularmente en la escuela, centro comercial, teatros, o hasta en los hogares de sus amigos.

El involucramiento en lo oculto no es un pasatiempo no riesgoso. Es peligroso tener involucramiento con el lado oscuro de lo sobrenatural. Los amigos de tus hijos, o los hermanos o padres de los amigos, podrían estar hablando u "orando" maldiciones sobre ellos. Una maldición es simplemente "una apelación a un poder sobrenatural de maldad o perjuicio que caiga sobre alguien."[42] Sin saberlo, tu hijo podría estar sujeto a la influencia de espíritus demoníacos y las maldiciones que los acompañan. Por esto es tan importante orar por protección sobre tus hijos, regularmente, rompiendo cualquier palabra de maldición sobre ellos y cerrando puertas en el nombre de Jesús. Los niños que tienen la edad suficiente para entender pueden orar por protección sobre ellos mismos con respecto a estas cosas. La Biblia nos advierte a no ser ignorantes de las artimañas de Satanás, "para que no se aproveche de nosotros" (2 Corintios 2:11).

---

42. Diccionario Webster

En nuestra sociedad naturalista, a menudo no le damos credo a la realidad de lo sobrenatural (mucho menos las maldiciones), pero todo es tan real–y cada vez más, ya que el involucramiento en lo oculto está en aumento. Con más y más niños involucrándose en Wicca, juegos de roles, así como "Calabozos y Dragones" o "Magia", música heavy metal, tablas de Ouija y otros "juegos," es muy probable que tu hijo se tope con una maldición en algún momento u otro.

Mientras que "maldecir" era bien entendido en las culturas bíblicas (y lo sigue siendo en otras culturas hoy día), en la cultura occidental, subestimamos el poder de las palabras habladas con intenciones, propósitos y convicción. Pero, así como señalamos en el capítulo 4, "El poder de la bendición," las palabras habladas *sí* tienen poder–para bien y para mal–con resultados duraderos.

La Palabra de Dios nos da tanto una promesa y un mandato para tratar con las maldiciones. La promesa es, "Como el gorrión sin rumbo o la golondrina sin nido, la maldición sin motivo jamás llega a su destino" (Proverbios 26:2). El mandato de Jesús es, "Bendigan a quienes los maldicen, oren por quienes los maltratan" (Lucas 6:28). Cuando te vuelves consciente, o al menos que sospechas, de que hay maldiciones siendo habladas en contra de tu hijo o familia, las oraciones de protección (por tu hijo) y perdón y bendición (para el ofensor) están a la orden. Identifica cualquier maldición conocida y declara la protección de Dios sobre tu hijo. Ora que Sus bendiciones sean derramadas. Si el niño está al pendiente de acciones que lo han puesto en contacto con una maldición, el niño debe arrepentirse de cualquier mala acción y renunciar a cualquier actividad en la que haya participado, y a cualquier maldición que haya contraído al hacerlo. Perdona a quien haya pronunciado maldición en contra de tu hijo y ora que la bendición de Dios venga sobre esa persona, especialmente la bendición de salvación.[43]

Nuestros niños no serán inmunes a la presencia del mal en este mundo, sin embargo, no se deben dejar vencer por él. "No te dejes vencer por el mal; al contrario, vence el mal con el bien", exhortó el Apóstol Pablo a sus lectores que estaban viviendo en la cultura pagana de Roma (Romanos 12:21).

Arma a tus hijos

En *Las Crónicas de Narnia*, Aslan le dio a los niños pevensie regalos especiales para ayudarlos a vencer los obstáculos que encontrarán en sus aventuras y batallas. A nuestros niños se les han dado regalos especiales, también—para proteger, equipar y empoderarlos. Como con cualquier aventura, van a haber ciertos peligros, enemigos y oposición, tanto humana como espiritual, a lo largo del camino de la vida. Nuestros niños necesitan saber que están armados con el conocimiento de que "son más que vencedores por medio de aquel que nos amó." (Romanos 8:37)

Explícale a tus hijos que los pensamientos en nuestra mente son como pelotas de ping pong que rebotan en nuestras cabezas.

---

43. Adaptado de Mike Riches, *Strongholds: Understanding & Destroying Satan's Schemes* (Tacoma, WA: Revalesio Ministries, 2005), 120–123.

Nos hacen pensar en toda clase de cosas. Déjales saber que si queremos escuchar de Dios, debemos impedir que las pelotas reboten. Demuestra esto usando una pelota de ping pong. Rebótala un par de veces y diles que cuando la pelota deje de rebotar, tú quieres que ellos silencien sus mentes y corazones, y que enfoquen su atención en Jesús. Puedes hacer esto con un grupo de niños o con un niño en casa. Haz esto varias veces seguidas, con una espera de 30 segundos, entre cada vez. Comparte con el niño que la Biblia nos enseña a "Estar quietos y saber que Yo soy Dios."

Más allá del hogar

Durante la escuela dominical o en un tiempo de ministración para niños, prepara un clóset de oración en tu salón de clase–tal vez una especie de cámara de refrigeración grande con una puerta y ventanas recortadas para dar más luz. O pídele a un ebanista de tu iglesia que construya un clóset de madera. Otra posibilidad es establecer un rincón en el salón, separado por paneles móviles o cortinas. Permite a los niños poner artículos en el clóset de oración, así como almohadas, cobijas para orar, Biblias y versículos bíblicos para facilitar los tiempos de oración. Uno o dos niños, al mismo tiempo, pueden entrar en el "clóset de oración" por tiempos apropiados durante el período de la clase. Anima a los niños a que creen sus propios roperos de oración, o un lugar especial para orar en casa.

Satura a tu hijo con oración hoy

Yo oro hoy que _____ no va a solo conocerte como Padre y a Jesús como Señor, sino que va a entrar en una relación cercana con el Espíritu Santo. Que _____ se abra a recibir todos los dones espirituales y el poder para llenar su llamado y conquistar todo mal interno como externo. Señor, por favor, lleva a _____ en una aventura espiritual y ayuda a _____ a alcanzar grandes cosas para Tu reino. Dale a _____ un espíritu de sabiduría y de revelación ante los misterios y secretos del conocimiento profundo e íntimo de Ti. Que _____ camine en el centro de tu voluntad todos los días de su vida y nunca se aparte de lo que tienes para él. Lleva a mi hijo más profundo y más arriba en ti. En el nombre de Jesús. Amén.

CAPÍTULO 8

El papel de la iglesia

Toquen trompeta en Sión, proclamen el ayuno, convoquen a una asamblea solemne. Congreguen al pueblo, purifiquen la asamblea; junten a los ancianos del pueblo, reúnan a los pequeños y a los niños de pecho (Joel 1:15-16).

La fila empieza a formarse antes de las 6:00. Los padres sosteniendo a sus hijos de la mano y algunos niños solos, agrupados sobre la acera de una fachada de ladrillos, cuadrada y llana en una bulliciosa Flatbush Avenue. Para las 6:30 aquellos que debían entrar ya estaban en fila, esperando a que las puertas abrieran. Pero los neoyorquinos están acostumbrados a eso, aún en la iglesia. Especialmente en el Brooklyn Tabernacle.

Es una tarde de martes, y es hora para la reunión de oración–la reunión de oración infantil. A las 6:30 se abren las puertas. Los niños de mayor edad se registran y corren hacia las paredes para dibujar y pintar sobre grandes láminas de papel cartón relacionados al tema de la noche. En pocos minutos, los niños comenzarán a cantar, luego pasarán al tema principal, orar durante las siguientes dos horas.

Los niños de menor edad bajarán las gradas, al sótano iluminado con luces fluorescentes. Empiezan a cantar inmediatamente. La oración para ellos estará intercalada entre canciones e historias, pero este no es un tiempo de juego ni de guardería.

"La oración es el centro de todo lo que hacemos", dice Nancy Martínez, directora de Educación Cristiana. "No está adjuntada a otros programas. La oración es por lo que estamos aquí."[44]

¿Nuevos odres para ministerios infantiles?

"Después de esto,
derramaré mi Espíritu sobre todo el género humano.
Los hijos y las hijas de ustedes profetizarán,
tendrán sueños los ancianos
y visiones los jóvenes" (Joel 2:28).

Dios está decidido a derramar Su Espíritu sobre nosotros y nuestros hijos. Para traer la presencia de Dios a nuestros ministerios infantiles en el área de la oración, quizás tengamos que abandonar algunos de los odres viejos relacionados a como siempre hemos pensado que deberían ser nuestros ministerios infantiles. ¿Qué son odres viejos? Son nuestras propias opiniones sobre lo que los niños son capaces de hacer o no, espiritualmente.

Un niño que recibe a Jesús como Salvador recibe el mismo Espíritu Santo que recibe un adulto (Efesios 1:13), –no un

---

44. Eric Reed, "Let the Children Pray," *Today's Christian* 40, no. 3 (May/June 2002), 14.

Espíritu Santo más pequeño, de letra pequeña, sino el verdadero Espíritu Santo que habla, consuela, sana e imparte dones espirituales. Los niños hoy día pertenecen a una generación interactiva, relacional de contacto. No es suficiente para ellos simplemente *escuchar* acerca de las obras de Jesús–¡ellos necesitar tener la expectativa de verlas en sus propias vidas y ser enseñados a hacerlas, también!

Es posible que nos hayamos enfocado tanto en ser maravillosamente profesionales y entretenidos que hemos pasado por encima la meta más importante de impartir vida espiritual y entrenar a los niños a ser discípulos de Cristo Jesús, oradores y funcionales.

Iglesia de grandes se encuentra con iglesia infantil

Uno de los comentarios más lamentables acerca del valor que ponemos sobre nuestros ministerios infantiles–o la falta de valor– es cuando las personas dicen que no quieren ministrar a los niños porque no se quieren perder de la "iglesia de grandes"—como si lo que pasara en la iglesia infantil estuviera completamente vacío de cualquier vida espiritual y propósito en sí mismo.

¿Cómo serían nuestros ministerios infantiles si aquellos con dones espirituales y llamados en las áreas de profecía, evangelismo, enseñanza y liderazgo convirtieran en una prioridad pasar al menos *algún* tiempo, de manera regular, con los niños de su congregación? Algo de la vida espiritual y propósito que hemos llegado a esperar en nuestros servicios de adultos comenzarían a, naturalmente, filtrarse en el ministerio infantil en lo que los trabajadores de niños, y los niños mismos, cosechan las bendiciones de la influencia directa de este tipo de líderes.

Además de las recompensas prácticas de enseñar, modelar y mentorear, está, también, el enorme valor, pasado por alto, de la impartición. "Impartir" significa, sencillamente, "transferir". Espiritualmente hablando, sabemos que los dones espirituales pueden ser "transferidos"—o impartidos–de los líderes a aquellos que están bajo su ministerio. Sabemos que los dones espirituales y ministerio de Timoteo se debían, en parte, a las oraciones y la impartición que había recibido de Pablo (2 Timoteo 1:6). Ya sea un don espiritual, una palabra de motivación, instrucción, intercesión o apoyo moral, todos– incluyendo pastores, líderes de ministerio, ancianos, intercesores y demás—tienen algo de valor espiritual para contribuir con los niños.

Cuando Bubba Stahl era pastor de la Primera Iglesia Bautista de Boerne, Texas, él levantó un equipo de oración intercesora de 97 niños–de edades de 5 a 12 años quienes oraban por él y las cosas de su ministerio diario. Estos niños amaban orar por su pastor, especialmente cuando estaba en viajes misioneros. Stahl, a menudo, llevaba a sus jóvenes compañeros de oración con él en sus viajes misioneros locales en la misma comunidad para orar por el alcalde, jefe de bomberos o concejo ciudadano. Este singular pastor encontró una manera para, tanto mentorear, como soltar a los niños en oración. El impacto más grande de Stahl sobre la iglesia bien puede ser la huella indeleble que él deja como modelo en la ida de los niños de su congregación.[45]

En mi iglesia yo (Arlyn) recluté a una cantidad de adultos intercesores para acompañarnos en un FaithTREK matutino, en nuestro ministerio infantil. Cada intercesor fue asignado como "coach" a un grupo de niños de rangos de edad de preescolar a quinto grado de primaria. Los niños compartieron que sentían que estaban escuchando del Señor, luego pusieron sus manos sobre sus maestros e hicieron oraciones de bendición sobre ellos. Los coaches le ayudaron a los niños a articular lo que estaba sintiendo, mantuvieron los tiempos de oración en su propósito y en línea y ofrecieron palabras de acuerdo, motivación y afirmación a los niños mientras oraban.

Shannon, de 9 años de edad, le dijo a su maestra, "Señora Ginger, yo creo que Dios está diciendo que tú eres una pacificadora y una buena sierva Suya." Luego puso sus manos sobre el hombre de la señora Ginger y oró que Dios la bendijera con paz y fortaleza, y que ella pudiera ser feliz y alegre sirviéndole a Él. Después de ver grupo tras grupo de niños orando, expresando libremente sus corazones al Señor y siendo vasos de Su amor y motivación para sus maestras (aún entre ellos mismos, en algunos grupos), mi corazón cantó. *De seguro este es el corazón de Jesús*, pensé, *que sus hijos más pequeños se identifiquen con y le ministren de esta manera.*

---

45. Bubba Stahl, entrevista personal, Bourne, TX., February 2001.

Haz espacio para los niños

La vida de oración de los niños es uno de los recursos menos utilizados de la iglesia hoy día. A menudo, no tomamos en serio las inocentes oraciones de los niños, y mandamos a los niños a otras habitaciones durante los tiempos grupales de oración. Jesús tuvo un punto de vista muy diferente acerca de los niños. Cuando los discípulos intentaron impedir que los niños "molestaran" al Maestro, "Pero Jesús llamó a los niños y dijo: Dejen que los niños vengan a mí, y no se lo impidan, porque el reino de Dios es de quienes son como ellos" (Lucas 18:16). Jesús dejó en claro que los niños son importantes para Dios.

Las reuniones de oración transgeneracionales son la norma en la Iglesia Shekinah en Blountville, Tennessee. La pastora Sue Curran dice:

Nuestros niños, desde la edad en que hablan (2 o 3), saben que sus oraciones son bienvenidas en las reuniones colectivas. No es nada inusual que uno o más de ellos oren por mí y por otros líderes antes de que prediquemos o ministremos en los servicios de adoración. Han desarrollado una capacidad para entregarse en las reuniones de oración. Hemos "hecho sufrir a los niños pequeños" al prohibirles venir a Jesús, y cuando comenzamos a tomar sus oraciones en serio, ¡se convirtieron en oradores![46]

---

46. Sue Curran, *The Praying Church* (Blountville, TN: Shekinah Publishing Company, 1987), 85–86.

Les decimos a los niños que sus oraciones son importantes. Sin embargo, si lo único que les decimos durante el tiempo de oración es que se queden quietos, ellos reciben el mensaje de que la oración es solo para los adultos.

En su libro, La Iglesia Saturada por la Oración, Cheryl cuenta lo que le pasó a ella y a su esposo, Hal, cuando visitaron una iglesia en Phoenix que incluía a los niños en los servicios del Domingo, reservados enteramente a la oración. La oradora invitada, Esther Ilnisky habló, durante algunos minutos, luego invitó a los niños y jóvenes a que acompañaran a los adultos sobre la plataforma para ayudarles a dirigir la reunión de oración.

"¿Podrías orar por todos los niños heridos y abusados en el mundo?" Pidió Esther, pasándole el micrófono a un niño de 5 años. Con los labios tarareando y una voz temblorosa, el niño comenzó a orar. Mientras continuaba orando por su generación dolida, todo el mundo estaba sorprendido por su claridad y enfoque.

"Dios, haz que las madres y padres dejen de pelear," clamó. "Diles que están lastimando a sus hijos."

Y luego, con lágrimas cayendo por sus mejillas, cayó de rodillas. Este pequeño niño tenía una carga de dolor. Varios niños pequeños corrieron para orar por él y consolarlos mientras la reunión de oración continuaba.

Una pequeña niña oró, "Dios, dile a los padres que dejen de matar a nuestros hermanos y hermanas a través del aborto."

Otro niño oró por la salvación de todas las personas jóvenes que no conocían a Cristo. Otros oraron por un avivamiento en sus escuelas, y que nuestra nación se vuelva a Cristo. La simplicidad de sus oraciones, acompañada por la humildad y el quebrantamiento, trajo una convicción tremenda a los corazones de los adultos presentes.

Efectuando un cambio de paradigma

El equipo del ministerio infantil de Brooklyn Tabernacle insiste en que entender la capacidad espiritual de los niños es fundamental para los ministerios infantiles. Un versículo clave para ellos es el Salmo 8:2, "Por causa de tus adversarios has hecho que brote la alabanza de labios de los pequeñitos y de los niños de pecho, para silenciar al enemigo y al rebelde."

No es suficiente contarle historias bíblicas a los niños que dan pinceladas acerca de que pueden escuchar la voz de Dios, o de que Jesús sana a los enfermos. Necesitamos *enseñarles* cómo escuchar, *instruirlos* sobre cómo hacer cosas tales como imponer las manos y orar por las personas que están enfermas, ¡y darles la oportunidad para practicarlo!

Hace varios años, M'Linda Barns, una maestra de Escuela Dominical en Colorado Springs, Colorado, estaba enfrentando algunos desafíos que muchos ministerios infantiles enfrentan regularmente. "Si yo trataba de hacer que los niños oraran por cualquier período de tiempo más allá de su nivel de comodidad, comenzaban a jugar y hablar con sus amigos," admitió ella.

Si no es que todo niño está al mismo nivel en su deseo de orar, entonces, ¿cómo llenamos el hambre de comunicación con Dios en unos pocos y alimentar un mayor deseo en los otros?

M'Linda resolvió este problema comenzando un equipo de oración infantil, invitando solo a los niños que estaban genuinamente interesados en participar de la oración. El equipo se reunía en un tiempo diferente a los horarios regulares de ministerio, de los domingos por la mañana. Para lanzar el nuevo equipo de oración, M'Linda envió una carta a los padres de todos los niños de la iglesia, en edades de primaria. Les dejó saber que ella estaba comenzando una clase de oración para niños que tuvieran un interés especial, o un don de oración. La clase de 50 minutos estaba compuesta por niños de todas las edades de primaria, junto con otros niños más grandes para ayudar a los menores.

Además de iniciar un equipo de oración infantil para aquellos con un interés especial en la oración, M'Linda empezó a incorporar la oración que el ministerio infantil ya existente. Al involucrar a los niños en períodos más cortos y con actividades creativas de oración, M'Linda se dio cuenta de que podía mantener a los niños interesados y emocionados. Estas son algunas ideas.

Testimonios. Las mañanas de domingo, durante los primeros 15 minutos de clase, M'Linda invita a los niños a compartir testimonios de oraciones contestadas. Un día, visitando yo la clase, una pareja de hermanos estaban contando cómo ellos estaban jugando en la cajuela de un auto de un vecino esa semana. La cajuela había quedado abierta y los niños no se dieron cuenta que si cerraban la cajuela, no la podían abrir desde adentro. Encerrados por dentro, comenzaron a orar. El niño y la niña comenzaron a describir cómo el Señor le habló a su madre y le dijo que fuera a revisar a los niños, de inmediato, porque estaban en problemas. ¡La oración les salvó la vida! M'Linda ha observado que los demás niños en el ministerio han desarrollado un nuevo interés por la oración, como resultado de los testimonios, y la pasión por la oración en el ministerio infantil sigue creciendo.

Centros de oración. Becky Fischer, de Kids in Ministry International en Bismarck, Dakota del Norte, estaba buscando maneras para entrenar a sus equipos de oración infantil. Al darse cuenta de que los niños no se iban a sentar por una hora y media con las manos dobladas, ella estableció centros de oración, así como los centros de estudio de las escuelas públicas. En un centro, ella creó un centro para practicar oraciones por sanidad. Para tener una lección visual, ella buscó una caja de primeros auxilios y la llenó con vendas autoadhesivas. En la caja, también incluyó una botellita de aceite para ungir. Ella entrena a los niños a orar por sanidad, enseñándoles, primero que todo, lo que dice la Biblia sobre la sanidad. Luego, ellos "practican" ungiendo las vendas con aceite y orando sanidad por alguien que ellos saben que necesita sanidad.

En otro centro, los niños aprenden a orar por las naciones con un globo terráqueo y pequeñas calcomanías recortadas en forma de mundo. Los niños escogen una nación por la cual orar cada semana. También tienen un centro para orar por las almas perdidas. Becky encontró un árbol estéril, uno que no tenía fruto, y lo puso en el medio, como un recordatorio de orar por los perdidos.

Durante el entrenamiento en oración, Becky le da a los niños "tiempo libre" para ir al centro al que ellos creen que Dios los está guiando. ¡Los niños lo aman! Están aprendiendo activamente y practicando maneras nuevas y poderosas de orar.[47]

Oración interactiva los unos por los otros. Un día yo (Arlyn) estaba enseñando y ministrando con los niños en edad de preescolar de nuestra iglesia, mientras aprendían acerca de –y practicaban– oraciones de bendición y motivación para otros. Las oraciones por sanidad no estaban en mi plan de lección, ¡pero eso no detuvo a Devon, de 6 años! Yo vi, mientras Devon sostenía los pies de Joseph en sus manos, y los movía. Parecía que él se preguntaba si, de alguna manera, él podía impartir la suficiente fuerza para que Joseph saltara de su silla de ruedas a correr y jugar con el resto de los niños. Las manos de Joseph se mecían sin rumbo en el aire, y él hacía sonidos ininteligibles y guturales. Devon cerró con fuerza sus ojos y levantó su rostro al cielo.

"Dios," oró con denuedo, "¡Por favor arregla el cerebro de Joseph para que nos pueda hablar!"

Otros 3 niños de primer grado se reunieron detrás de la silla de ruedas y pusieron sus manos sobre los hombros de Joseph. Ellos no dijeron nada, pero pude notar que se estaban poniendo de acuerdo. Yo no sentía que necesitaba agregar nada.

¿Cómo sabía Devon orar de esa manera? A lo que yo sé, él no estaba acostumbrado a orar por sanidad. Pero, después

---

47. Becky Fischer, *Redefining Children's Ministry in the 21st Century* (Bismarck, ND: Kids in Ministry International, 2005), 160–165.

de practicar oraciones de motivación, estando en su pequeño grupo, Devon había mirado hacia arriba y vio a Joseph en el salón, y lo tomó desde ahí—¡la fe en acción de un niño!

Conferencias de oración infantil

Cuando mi iglesia– Destiny City Church, en Tacoma, Washington–convocó a una conferencia para adultos de varios días, a lo largo del curso de varias noches entre semana, nuestro equipo del ministerio infantil quería promover algo más que una guardería infantil. Así que, cada tarde, por medio de enseñanzas, juegos y actividades de oración, nos enfocamos en enseñar a los niños a cómo orar.

La primera noche, les enseñamos cómo hacer oraciones de confesión. Le pedí a los niños que levantaran sus manos y me las enseñaran. "¿Están limpias?" Les pregunté. Todos pensaban que sí. Pero, ¿estaban *realmente* limpias? Le señalé a los niños de que hay gérmenes y bacterias en nuestras manos, aún cuando no las podemos ver, los gérmenes y bacterias pueden *enfermarnos*. Luego, le di a cada niño un poco de gel antibacterial, recordándoles que al lavar sus manos, las limpian de gérmenes y bacterias, para que no nos enfermen. Les señalé cómo la confesión de pecado puede hacer lo mismo–nadie lo puede ver, pero tiene el poder para lastimarnos–y cómo la confesión, así como el gel antibacterial, lo puede limpiar.

Pegamos largos pliegues de papel periódico en las cuatro paredes del salón, y escribimos estas palabras en cada papel: 1) ojos, 2) boca, 3) manos y 4) pensamientos. Le pedí a cada niño que estuviera quieto por un momento, y le pedí al Espíritu Santo que hablara a sus corazones acerca de las maneras en que habían pecado con sus ojos, bocas, manos o pensamientos. Luego, lancé varios marcadores al grupo y los envié a escribir sus confesiones sencillas en las paredes. Los niños fueron abiertos y honestos, escribiendo cosas como "estar enojado," "empujar a mi hermano," "decirle apodos a mi hermana," y "pelear con mi mamá."

Después de un tiempo, todos los niños regresaron al centro del salón para que pudieran "limpiar sus manos." Yo les hablé acerca de 1 Juan 1:9–de que, si confesamos nuestros pecados, Jesús es fiel y nos perdona y nos limpia. Luego les pedí que extendieran sus manos a Dios y los dirigí en una confesión colectiva para que repitieran después de mí, en la que les di la oportunidad de hablar las cosas que habían escrito en el papel periódico. ¡Y lo hicieron!

Esos niños no solo aprendieron acerca de la confesión. ¡Realmente aprendieron a *hacerla*![48]

El punto final es: no queremos darles a los niños otra lección, otro video u otro show de títeres–por más bien intencionados y entretenidos que puedan ser. Queremos darles oportunidades para hacer lo que han sido enseñados (y que en algunos casos han sido enseñados por años).

---

48. Para más ideas como estas, mira *The PrayKids! Teacher's Guide: A Hands-On Guide for Developing Kids Who Pray* (Colorado Springs, CO: NavPress, 2005).

Entrenando a padres

Las escrituras están llenas de exhortaciones para los padres entrenar a sus hijos, más que lo que es específico para la iglesia. Sin embargo, pocos padres se sienten lo suficientemente adecuados para hacer esto por su propia cuenta. Están en busca de instrucción, recursos y motivación para ayudarles en el camino. Para esto buscan en su iglesia local.

George Barna dice,

Los padres, a lo largo de la nación, admiten que uno de los mayores beneficios que reciben de asistir a la iglesia es tener esa comunidad de la fe que asume la responsabilidad por el desarrollo espiritual de sus hijos. El saber que son entrenados por profesionales y otros individuos dispuestos, quienes proveen guianza espiritual a sus hijos, es una fuente de seguridad y confort para la mayoría de los feligreses adultos.[49]

Un ministerio de niños en Word of Grace en Mesa, Arizona decidió tener un seminario de dos horas para ayudar a los padres a aprender a orar por los niños entre 2 y 3 años. Cuando los padres vinieron a recoger a sus niños, después de la iglesia un domingo, ella les entregó a cada uno un papel. Decía: "¿Has orado hoy por tus hijos? Si te gustaría aprender cómo puedes orar por tus hijos ven al salón C102 el miércoles de 7:00 a 9:00 p.m. ¡Vamos a tener un seminario especial para ti!"

---

49. George Barna, *Transforming Children into Spiritual Champions* (Ventura, CA: Issachar Resources, 2003), 111.

Entrenando ministros infantiles

Yo (Arlyn) amo ver a los ministros de niños, de camisetas moradas, en mi propia iglesia reunirse para orar por sus clases todos los domingos. A veces, sus brazos entrelazados entre sus hombros en lo que buscan la presencia y poder de Dios para los niños en ese día. Ellos interceden por niños específicos. Le piden a Dios que exponga las artimañas del enemigo en contra de los niños y el tiempo de ministración para que puedan desmantelar y deshacerlos a través de la oración de guerra espiritual. A veces ponen sus menos sobre el maestro y oran para que Dios hable a través de él o ella. Muchas veces, los niños ven a sus líderes orando así cuando entran a la clase, y se les unen. Como padre, yo me siento segura y privilegiada de poner a mis hijos bajo este liderazgo espiritual porque yo sé que están buscando a Dios, ellos mismos, mientras que le ayudan a mis hijos a escuchar y seguir a Dios, también.

La mejor manera de entrenar ministros de niños es modelar para ellos lo que quieres que ellos hagan. Orar con ellos, por ellos, sobre ellos. Muchos padres son los obreros infantiles. El principio se mantiene. ¡Ora, ora, ora! Es vital en este proceso, que los líderes del ministerio de niños se comprometan a la oración y que sean un porrista de los esfuerzos del niño y de sus capacidades espirituales. También es importante tener un equipo de ministerio infantil que esté siguiendo este paradigma. Si tú eres un padre, tú puedes motivar a los obreros del ministerio infantil a que abracen este paradigma. Habla con el liderazgo acerca de estas ideas. Si eres un líder en tu iglesia, tú puedes ayudar a traer algunas oportunidades importantes.

- Convoca a una reunión mensual o trimestral que incluya instrucción acerca de cómo entrenar y equipar a los niños en oración.
- Trae al equipo de oración de tu iglesia y pídeles que oren por el ministerio de niños de manera regular.
- Anima al ministerio de niños a que asistan a conferencias de oración. Tengan un tiempo de retroalimentación después para conversar y orar sobre cómo aplicar en el ministerio de niños lo que aprendieron.
- Recomienda buenos libros sobre oración y ministerios infantiles. Consideren leer uno todos al mismo tiempo. Provee preguntas de razonamiento y/o discusión para ayudar al equipo a dirigir la aplicación hacia su propio ministerio.
- Asegúrate que los ministros de niños tengan suficiente "tiempo libre" para ser alimentados y edificados por lo que está siendo compartido y experimentado en la iglesia en general, así pueden regresar con una visión fresca, entusiasmo y poder. Nutre tus equipos con miembros nuevos, en especial busca a personas que sean fuertes en la oración.

Levantando un escudo de oración infantil

Cualquiera que sean los métodos y recursos que uses, es importante asegurarte que los niños de tu iglesia sean cubiertos en oración. Una meta maravillosa es que cada niño en la iglesia sea adoptado en oración por un intercesor cristiano maduro. Por la inexperiencia, vulnerabilidad, limitaciones físicas, tentaciones y guerra espiritual del niño, es importante que alguien esté orando por cada niño de tu iglesia a diario.

Algunos pastores de jóvenes y coordinadores de oración en las iglesias apartan un servicio al año para que toda la iglesia ore por las generaciones jóvenes. Un buen momento para hacer esto es en agosto cuando las familias se están enfocando en el inicio del año lectivo. Kurt Cotter, pastor de jóvenes en Living Streams Christian Church, planificó lo que terminó siendo un servicio juvenil efectivo y dinámico. Esto es lo que él dice:

"En respuesta a la impresión del Espíritu Santo, tomé nuestra agenda regular de Domingo Juvenil y prediqué a nuestra congregación sobre los principios de la oración intercesora y la necesidad para nuestra familia eclesiástica de levantar una cobertura en oración para nuestros jóvenes.

Las personas jóvenes en nuestro departamento juvenil dirigieron cada parte del servicio, exceptuando el sermón. Sirvieron como ujieres, levantaron la ofrenda, dirigieron la alabanza y adoración. Otros compartieron testimonios o dieron una pequeña exhortación de las Escrituras.

Al cierre del servicio, llamamos a los jóvenes al frente de la iglesia y desafiamos a los miembros adultos de la congregación a considerar adoptar a un joven en oración por un año. Yo los exhorté, '¿Le pedirías a Dios que proteja al joven por el que estás orando? Que lo aleje de influencias perversas. Que le dé un corazón para ir tras las cosas de Dios y cumplir su destino en Cristo.'

En preparación para este servicio especial, tomamos fotografías de todos los que estaban involucrados en el grupo de jóvenes. También compilamos tarjetas de 3X5 con información biográfica de cada uno de los estudiantes para ayudar al intercesor a que ore con mayor efectividad. Los estudiantes pasaron las fotos e información biográfica a cada adulto que había aceptado adoptar a un joven en oración.

Un joven nos ayudó a recolectar una lista de metas de oración para el uso de la congregación entera. Desarrollamos esto en un boletín para que cada miembro de la congregación se pudiera llevar a casa un recordatorio de orar por los jóvenes de nuestra iglesia."[50]

Los miembros de Living Streams hicieron un compromiso de levantar un cerco de oración alrededor de sus jóvenes. No van a dejar que el enemigo atraiga a sus jóvenes–o mantenerlos atados a– sexo ilícito, pandillas o rebelión.

Líderes de iglesia, obreros de niños—¿te pararías en la brecha por la generación Millennial? . . . Que se pueda decir de ellos así como se dijo del rey David, (Hechos 13:36) que "él sirvió a su propia generación conforme al propósito de Dios?"

---

50. Entrevista personal con Cheryl Sacks.

Más allá del hogar

Prueba algunas de estas actividades de oración con los niños de tu iglesia.

Aventura de oración: El Cuarto de Oración—*Lleva a los niños en un tour del cuarto de oración y explícales el propósito por el cual se usa. Explica cómo cada objeto en el cuarto es usado en la oración. Dales a los niños un tiempo para orar por su cuenta.*

Aventura de oración: El Pastor—*Lleva a los niños a la oficina del pastor para orar por él. Si él está presente, los niños se pueden ubicar alrededor de él y poner sus manos sobre él mientras se toman turnos para orar. Oraciones sugeridas: sabiduría, salud y protección, tiempo a solas con Dios, habilidad para comunicar la visión a otros.*

Aventura de Oración: El Templo de Reunión—*Lleva a los niños a una aventura de oración al templo de reunión en un momento en el que esté vacante. Permite que los niños pongan sus manos sobre las bancas o sillas, y que oren por la persona que se va a sentar ahí durante los siguientes servicios.*

Aventura de Oración: El Estacionamiento—*Lleva a los niños a una aventura de oración al estacionamiento. Pídeles que oren por los automóviles: que los que no son salvos reciban la salvación de Dios, que los nuevos se sientan bienvenidos, que las familias reciban entendimiento de la Palabra de Dios.*

Aventura de oración: La Guardería—*Dirige a los niños en una aventura de oración a la guardería de la iglesia. Permite que* los niños oren por los bebés y niños pequeños mientras tocan las cunas, los juguetes y los muebles. Las oraciones sugeridas incluyen: salud y protección, que vengan al Señor a una temprana edad, respeto por la autoridad, que reciban el amor y la misericordia de Dios.

Satura a tu hijo con oración hoy

Padre, confesamos que hemos subestimado la capacidad espiritual de los niños que tú has confiado a este ministerio. Te pedimos perdón por cualquier manera en que hayamos considerado a los niños menos capaces de escuchar Tu voz y de orar con poder como los adultos. Por favor pon tu Espíritu sobre nosotros para que podamos tener fuerza, poder, habilidad y energía creativa para traer a estos pequeños a Tu presencia y enseñarles a interactuar contigo. Que podamos crear una atmósfera donde las oraciones de los niños sean bienvenidas, junto a las de los adultos. Dale a toda tu iglesia una visión para levantar la barra de lo que nuestros hijos pueden ser y hacer por medio de la oración. Amén.

CAPÍTULO 9

Conviértete en un mentor de oración

Por eso oramos constantemente por ustedes, para que nuestro Dios los considere dignos del llamamiento que les ha hecho, y por su poder perfeccione toda disposición al bien y toda obra que realicen por la fe. (2 Tesalonicenses 1:11).

Cuando George tenía 15 años, él y su familia asistían a la iglesia regularmente. La vida no era fácil y él experimentaba los sube y bajas de la vida adolescente. Un día, George llegó a casa de la escuela y descubrió que su padre había renunciado a la carrera de la vida. El padre de George se había suicidado. George se tuvo que convertir en el hombre de la casa, lo quisiera o no, siendo un muchacho de 15 años.

Años después, George y su amigo, Bob Biehl (autor de *Mentoring . . . Confidence in Finding a Mentor and Becoming One*) estaban hablando acerca de mentorear. Bob le preguntó a George cuál es la diferencia que hubiera hecho cuando tenía 15 años, si un hombre de la iglesia le hubiera dicho, "Sabes George, no hay manera alguna en esta tierra que yo pueda siquiera entender lo que estás sintiendo ahora, pero yo voy a orar por ti por el resto de mi vida, no importa donde estés o lo que hagas. Solo mantenme al día para saber cómo orar por ti. Lo que sea que elijas hacer en la vida, yo quiero ser uno de los mentores de tu vida, uno de tus amigos para toda la vida."

Para este momento, lágrimas estaban bajando por las mejillas de George. 'Él respondió, toda la diferencia del mundo.'"[51]

Hoy en día, "mentorear" es una palabra popular. No significa lo mismo para todo el mundo. En su libro, Mentoring, Bob Biehl dice que mentorear comienza yendo donde una persona (generalmente menor o con menos experiencia que tú) y diciendo "Me gustaría ser uno de los mentores de tu vida, y lo que quiero decir con eso es sencillo. Yo quiero ponerte en mi lista de oración de toda la vida. Lo que termines haciendo en tu vida, quiero que sepas que mientras que yo camine sobre la faz de esta tierra, vas a tener a alguien que esté orando por ti y que te quiere ver ganar. Yo te quiero ayudar en cualquier manera que pueda."[52]

Cuando yo (Cheryl) era joven, alguien hizo eso por mí. En aquel momento en mi vida, yo estaba en una encrucijada crucial, ¡una mentora *hizo toda la diferencia en el mundo!* Recién me había mudado a Texas desde Florida para estar con mi mamá después de la trágica muerte de mi padre. Yo estaba devastada, sin trabajo, y buscando al Señor con respecto a mi siguiente paso.

---

51. Bob Biehl, *Mentoring* (Nashville, TN: Broadman and Holman Publishers, 1996), 6.
52. Biehl, 5.

Fui afortunada de tener una madre de oración, y un beneficio añadido fue que su mejor amiga, Hazel, quería pasar tiempo conmigo—y ayudarme a desarrollar mi fe y vida de oración. Ella nunca me dijo que esa era su intención, y nunca utilizó la palabra "mentor". Yo, ciertamente, no tenía idea de que estaba siendo mentoreada, pero sospecho que Hazel sabía exactamente lo que estaba haciendo. Por un período de unos 7 meses, Hazel y yo pasamos la mayor parte del día juntas. A veces salíamos a almorzar, a tomar café, o a caminar al centro comercial. Mucho de ese tiempo íbamos a estudios bíblicos y servicios cristianos. Cada vez que estábamos juntas, Hazel me preguntaba, "¿Cómo estás? ¿Cómo puedo orar por ti? ¿Hay algo que yo pueda hacer por ti?

La vida de Hazel, marcada con gozo y amor, me sorprendió, mas fue su fe sobrenatural y oraciones que mueven montañas, lo que me llenó más de asombro. Escuchaba atentamente la manera en que ella citaba oraciones escriturales, positivas y llenas de fe, y determiné que yo no aceptaría nada menos que eso en mi vida. Mientras ponía en práctica las cosas que estaba observando y absorbiendo, puertas nuevas comenzaron a abrirse para mí. Hazel oraba conmigo acerca de la elección de Dios de un esposo y asistió a mi boda. Ella puso las manos sobre nuestra hija, Nicole, siendo bebé, y la bendijo. Ella oró por mí y me motivó cuando hablé en mi primer servicio de iglesia y cuando escribí mi primer libro. Mi fotografía está en el mueble de su recámara, y yo sé que ella todavía ora por mí.

Chispas de pasión brillan en los espíritus de mucha gente joven—chispas esperando ser encendidas en llamas ardientes por adultos como tú y yo. ¿Cómo? Mentoreando a los jóvenes en oración. Es verdad: ¡Es más lo que se contagia que lo que se enseña! Durante tres años, los discípulos de Jesús caminaron con él, hablaron con él y oraron con él. Él les enseñó cómo sanar a los enfermos, abrir los ojos de los ciegos, liberar a los que estaba oprimidos por el diablo—y luego los envió a hacer lo mismo (Mateo 10:1; Lucas 10:19; Juan 14:12; Hechos 10:38).

Cuando Moisés entregó su liderazgo a Josué, él ya había estado mentoreando al joven por algún tiempo. Cuando Moisés pasaba tiempo en la presencia del Señor—en conversación cara a cara con Él—Josué estaba cerca para observar y aprender (Éxodo 33:11). "Anímalo y fortalécelo," le dijo Dios a Moisés, "porque será él quien pasará al frente de este pueblo y quien les dará en posesión la tierra que vas a ver" (Deuteronomio 3:28). Noemí le enseñó a Rut, Elías le enseñó a Eliseo, Elizabet le enseñó a María, Jesús le enseñó a los discípulos, Bernabé le enseñó a Pablo, Pablo le enseñó a Timoteo y Priscilla y Aquila le enseñaron a Apolos.

Mentorear puede incluir evangelismo, discipulado y modelar. Sin embargo, mentorear es más que todo esto. El mentor está comprometido a ver a su pupilo tener éxito en su potencial dado por Dios y está dispuesto a dedicar sus oraciones, talentos y recursos para ver que eso suceda. Idealmente, mentorear es una relación de toda la vida, pero realísticamente, no todas duran toda la vida. Algunas relaciones de mentoreo muy productivas son a corto plazo.[53] La mayor parte del mentoreo es

---

53. Biehl, 19–20.

informal como la relación que yo tuve con Hazel. No obstante, entrar en una relación formal de mentoreo hace que la relación sea intencional.

Definitivamente, somos llamados a mentorear a nuestros propios hijos. Pero, también podremos ser llamados a mentorear a personas jóvenes que no son nuestros propios hijos, quizás que ni estén en nuestra propia familia. Vecinos, maestros, entrenadores, líderes juveniles, familiares y familia de iglesia- todos pueden ser mentores de oración para las personas jóvenes en sus vidas. ¡Debemos mentorear, animar y fortalecerlos para que puedan heredar la tierra de las promesas de Dios!

Por qué mentorear es tan importante para la generación venidera

¿Qué hay diferente con los jóvenes de hoy? Están más expuestos a influencias negativas que cualquier generación anterior a ellos: películas y música explícita, programas de televisión irreverentes e inmorales, video juegos violentos, pornografía en internet, drogas, alcohol, promiscuidad rampante y vulgaridad. Al mismo tiempo, están más regularmente privados de influencias positivas tales como matrimonios estables, padres que pasan tiempo con ellos y familiares que estén cerca. Están clamando por conexiones genuinas y duraderas con las personas.

Cuando John tenía solo 3 años, sus padres se divorciaron. Aunque la mamá de John era amorosa y atenta, John careció de amor y afirmación por parte de su padre. Cuando John estaba en su primer año de universidad, conoció al hombre que se convertiría en su padre espiritual. Doug Barram, en aquel momento director del área de Vida Joven, había venido para ver el partido de fútbol de los de primer ingreso. John recuerda que, además de los seguidores fanáticos del fútbol, *nadie* va a ver los juegos de fútbol de primer ingreso. Sin embargo, Doug estuvo ahí. Él se paró al lado en cada uno de los juegos ofreciendo palabras de motivación (bendición) a un joven que no había escuchado aún de Cristo.

En los siguientes años, Doug tomó un interés paternal por John y sus dos hermanos. Doug le dio la bendición paterna a los tres muchachos que tanto lo necesitaban. Cada hermano, y aún la madre de John, vinieron a conocer a Cristo por causa de este hombre. Hoy día, John Trent es un reconocido orador, consejero y autor de más de una docena de libros de éxito de ventas, incluyendo uno que coescribió con Gary Smalley, llamado *The Blessing*.[54]

Cuando Nicole era solo una niña, yo oré que el Señor nos ayudara a Hal y a mí a prepararla para los desafíos particulares del mundo en el cuál ella iba a vivir. Yo sabía que su mundo iba a ser mucho más diferente a aquel en el que yo crecí. Poco sabía, que para cuando Nicole fuera adolescente, cosas como balaceras escolares, terrorismo, abuso rampante de drogas en los campus, homosexualidad y brujería serían cosas comunes.

De manera temprana me di cuenta de mis propias inadecuaciones, así que le oré al Señor que también enviara a otros

---

54. Gary Smalley and John Trent, *The Blessing* (Nashville, TN: Thomas Nelson Inc, 2004), 203.

a mentorear a Nicole en maneras en las que yo no estaba equipada o dotada. Una oración algo específica mía era que Dios le enviara a Nicole sus mejores y más altos profesores, tanto espiritual como académicamente. Mientras que un maestro y un mentor no son lo mismo, los maestros pueden ser influenciadores muy fuertes en la vida de un niño y, a menudo, pueden ser lo más cercano a un mentor que un niño pueda tener.

En respuesta a esta oración, Dios envió mujeres de gracia y maduras a la vida de Nicole que tomaron un interés especial en ella–mujeres como Esther Ilnisky y Cindy Jacobs, quienes no solo oraban por ella y con ella, sino que modelaron un liderazgo divino y le enseñaron cómo interceder por las naciones del mundo.

Cuando Nicole llegó a la escuela secundaria, el Señor proveyó milagrosamente una beca parcial para que ella asistiera a una escuela cristiana privada. Uno de sus profesores era el Dr. David Savidge, un verdadero mentor para jóvenes. Cuando a Nicole le fue mal en sus primeros exámenes de gramática, el Dr. Savidge nos llamó para decirnos que estaba orando por ella y que quería pasar un tiempo adicional para ayudarla a asimilar la materia. La noche después de que Nicole sacara su primer 100 en un examen, él trajo un pastel y helados a nuestra casa para celebrar. Cuando el Dr. Savidge vio el amor de Nicole y su talento por la fotografía en el anuario, él creó un concurso especial de fotografía, el cuál ella ganó cada año. Él la animó a que entrara en las competencias de fotografía e invirtió su tiempo para ayudarla a tener éxito. Para nuestra sorpresa, el año en que Nicole se graduó de la secundaria y se matriculó en el

Southwestern College, el Dr. Savidge hizo un cambió, también. Él se unió a la facultad universitaria ese mismo año y se convirtió en uno de los profesores de Nicole, una vez más. (Sabes que Dios va a mover el cielo y la tierra y sí, ¡aún profesores, si es necesario, para contestar las oraciones de los padres!)

Los EPIs: Entrenamientos personales intencionales

Un amigo de la familia, un pastor de Washington llamado Hal Perkins, decidió instaurar en cada uno de sus hijos un deseo de estar cerca del Señor por medio de la oración. Esa decisión, tomada hace más de 30 años, ha dado resultados. Hoy día, todos sus hijos están envueltos en la oración y ministerios de oración. Hal cree que el mentoreo intencional de sus hijos es la clave para levantar niños de oración y nota que la familia es la mejor institución para hacer discípulos instaurada por Dios. Los mejores discipuladores en nuestra cultura, cree Hal, son los padres, el entretenimiento y los pares. Los padres deben estar equipados para mentorear a sus hijos para sobrellevar la influencia de los medios y los pares.[55]

Las sugerencias de Hal para un mentoreo intencional de la familia son básicas y fundamentales:

1. Ora por cada miembro de la familia consistentemente.
2. Reúne a la familia al menos una vez por semana como un grupo pequeño para:

---

55. Hal Perkins, "Family Houses of Prayer Everywhere," *Empowered* 2, no. 2 (Summer 2002), 12.

- *Adoración*: Dando alabanza a Dios por algunas cosas que conocen acerca de Él y darle gracias, como familia, por las cosas buenas, que todas provienen de Dios.
- *Palabra*: Editando juntos en la Palabra de Dios y respondiendo a lo que Él nos está diciendo acerca de su Palabra, orando la Palabra.
- *Trabajo*: Pidiéndole a Dios respuestas para dos preguntas: "Señor, ¿qué quieres hacer en nuestra familia, iglesia y amigos?" "Señor, ¿qué quieres hacer en, y a través de nosotros? Al practicar consistentemente un proceso de oración como este, los niños están siendo entrenados para comunicarse con Dios efectivamente por su cuenta y, por ende, pueden aprender a guiar a sus amigos a comunicarse efectivamente con Dios, al hacer con sus amigos lo que sus padres han hecho con ellos.

3. Crece en tus propias habilidades de mentoreo, recibiendo un entrenamiento de liderazgo para grupos pequeños. Tu familia es tu "grupo pequeño."
4. Establece una "cita de mentoreo" uno a uno con cada miembro de la familia. Hagan juntos lo que tú haces a solas en tu propio tiempo con Jesús. [56]

Una meta de mentorear intencionalmente a los jóvenes en oración es ayudarles a aprender a ir a la presencia de Dios por ellos mismos, y establecer un estilo de vida de oración efectiva y transformadora que dure para todas sus vidas. Es como

---

56. Hal Perkins, *If Jesus Were a Parent*, 2006 (self-published).

presentar a alguien a uno de tus buenos amigos, sabiendo que eventualmente van a ser buenos amigos entre ellos, y continuar una relación para toda la vida—aún si tú ya no estás.

Uno de los pastores de Arlyn, Kurt y su esposa, Michelle, comenzaron a mentorear intencionalmente a sus cuatro hijas (preadolescentes y adolescentes) en oración de dos maneras distintas. "Tiempos de silencio" por las mañanas que involucraban a las niñas con Kurt. Frecuentemente, cada niña también tenía un tiempo de oración uno a uno con su padre. Los viernes eran días de "Latte y GACIS" (GACIS es un acrónimo de una línea de oración de Gratitud, Adoración, Confesión, Intercesión y Súplicas) –todos juntos, en los que papá hacía cafés latte para todos y se reunían en torno a la mesa para una oración grupal.

Los tiempos de oración, a menudo, tomaban la forma de bendiciones. Kurt y Michelle ponían a una de las niñas en "la silla acogedora" como la llamaba Kurt, y todos se tomaban turnos orando bendiciones sobre ella. Le pedían al Espíritu Santo que les mostrara aspectos del diseño original de cada niña, y oraban para que los propósitos y el destino de Dios se cumplieran en maneras muy específicas y estratégicas. Cuando una de ella estaba atravesando un momento difícil, inquirían al Señor con respecto a cuál artimaña del enemigo podría estar viniendo en contra de ella, y luego hacían oraciones de protección y guerra espiritual sobre ella. Si la raíz era expuesta, entonces oraban por esa raíz en ese momento, también.

Kurt admite que ha sido una inversión grande de tiempo y esfuerzo de parte de él y de Michelle para hacer de la oración una parte tan integral de su vida familiar—sin embargo, les ha dejado grandes dividendos en sus vidas, las vidas de sus hijas, y aún en las vidas de las personas alrededor de ellos.

Tal como lo ilustra el modelo de Hal, como el de Kurt, una meta importante de mentorear intencionalmente a los jóvenes en oración es ayudarles a aprender a ir a la presencia de Dios por ellos mismos, y de establecer un estilo de vida de oración efectiva y transformadora que perdure para toda la vida. Es como presentar a alguien a uno de tus mejores amigos, sabiendo que eventualmente van a ser buenos amigos entre ellos y continuar una relación de toda la vida, aún si tú no estás.

Entrenamiento en el Ministerio de Oración

Nuestros jóvenes tienen una capacidad impresionante de pasión y celo. Tienen un potencial mucho más allá de lo que la mayoría de nosotros podríamos atrevernos a imaginar. Lo único que necesitan es que alguien–un padre, abuelo, líder juvenil, vecino o entrenador que crea en su potencial espiritual–haga la inversión de tiempo para entrenar o mentorearlos.

Arlyn comparte cómo su hija, Heather, ha sido mentoreada en el ministerio de oración.

Por años Heather vio a su papá y a mí orar con las personas mientras ministramos en los equipos de oración de nuestra iglesia. También oramos con ella de la misma manera en casa. Cuando venían necesidades y preocupaciones, oramos con ella para identificar las causas de raíz y ofrecíamos oraciones de arrepentimiento y entrábamos en guerra espiritual cuando era necesario, y oramos bendiciones. Ella vio el fruto del ministerio de la oración en la vida de nuestra familia y las vidas de otros. Así que era un mover natural para Heather recibir entrenamiento y ser parte de un equipo del ministerio de oración en el grupo juvenil de su secundaria, donde también estaba siendo mentoreada por otros adultos oradores.

Un día, mientras estábamos ministrando en una conferencia, Heather estaba en el equipo de oración con una pareja adulta que estaba ministrando a un joven adolescente de Inglaterra. Mientras oraban por el muchacho, Heather recibió una fuerte impresión del Espíritu Santo de la palabra "abandono". Ella lo trajo a la atención de ellos y le preguntó al muchacho qué significado tenía para él. El corazón del niño fue inmediatamente movido–su padre había abandonado a la familia cuando él era muy pequeño y había sido enviado a una escuela de internamiento. Lo habían atormentado sentimientos de abandono y estos impidieron que pudiera recibir el amor de Dios y el amor de amigos y familiares. Heather, junto con sus entrenadores adultos, pudo ayudar a este joven a identificar las mentiras que el enemigo le había hecho creer, renunciar a ellas, soltar su amargura y aceptar el gran amor de Dios por él.

Este tipo de experiencia es poderosa para los jóvenes en ambos extremos del ministerio de oración, tanto dando como recibiendo. Ellos aman el aspecto relacional de ser mentoreado y recibir el ministerio de oración–y también el aspecto altamente interactivo y relacional de estar en el lado que da. Pueden ver la transformación espiritual real en sus propias vidas, así como en las vidas de los demás. ¡No hay necesidad de convencer a estos niños del poder de la oración! Para una generación tan relacional como la de ellos–una que está buscando la "conexión" de la que muchos los han privado en otras áreas de sus vidas–el ser mentoreado en un ministerio de oración personal es una manera efectiva para ellos de experimentar y demostrar el amor transformador de Jesús.

Mentoreando Líderes de Oración

Como los niños están tan conectados con sus pares, se convierten en movilizadores de oración altamente efectivos. Cuando Nicole Sacks y Stephanie Seekins tenían 15 años, ellas, junto con un pequeño grupo de amigos comenzaron un movimiento de oración a nivel de ciudad, dirigido por jóvenes, en Phoenix, Arizona, llamado "Sacred Edge". Su propósito era convocar a la juventud a orar por la sanidad y restauración de su generación. En sus reuniones del primer viernes de cada mes, de 100 a 300 jóvenes venían de toda la ciudad para adorar y orar.

El esfuerzo comenzó en pequeño, la primera noche solo 25 muchachos llegaron y Nicole comenta que sintieron como si "las oraciones hubieran caído en tierra". Pero después de este humilde inicio, ella dice que Jesús fielmente les enseñó cómo guiar, cómo enseñar a otros a orar y cómo atraer a la juventud a unirse para una poderosa combinación de adoración y oración.

Como movilizadoras de oración experimentadas, Nicole y Stephanie comparten algunas ideas prácticas para invertir en los jóvenes para ayudarlos a levantarse para ser líderes de oración y movilizadores de oración en su propia cultura.

1. **Deja que los jóvenes lideren.** Reúne a un equipo diverso de líderes de jóvenes, establece un equipo de liderazgo como su cobertura, y suéltalo a que corran con la visión. Ellos tienen que poseerla. ¡Y créeme, ellos van a saber cuándo no es así! Cuando estábamos comenzando, tomamos un directorio de iglesias y simplemente comenzamos a llamar a toda la lista, pidiendo hablar con los pastores de jóvenes acerca de una reunión juvenil de oración a nivel de ciudad. No se nos había dicho aún que eso no se podía hacer, así que lo hicimos.

2. **El mentoreo es indispensable.** Designa a uno o dos adultos para que mentoreen a líderes juveniles, contesten sus preguntas y traten con los temas del día a día en cuanto aparezcan. Convoca a reuniones regulares para que el grupo se pueda reunir con sus mentores y orar por los eventos.

3. **Busca "el lugar secreto".** El grupo como un todo–los líderes jóvenes, así como los mayores–deben ver la oración como su primera prioridad, y no solo con un servicio de labios, tiene que ser practicado. La oración es la clave a la intimidad con Jesús y ser capaz de discernir Su voz. Un par de veces durante el curso de Sacred Edge, sentimos la impresión por parte del Señor de no hacer ninguna promoción para nuestro próximo evento. No hicimos ningún volante; no llamamos a ninguna iglesia–nada. Sino más bien pasamos el tiempo de nuestra reunión de sábado por la mañana enfocados en orar por nuestra ciudad y por el siguiente evento. ¿Y sabes qué? Fueron los eventos más grandes.

4. **Levanta una cobertura de oración** Recluta a un grupo de adultos intercesores para cubrir los eventos, al equipo de

acompañamiento adulto, y especialmente al equipo de liderazgo joven en oración. Asigna a cada individuo un intercesor a quien llamar si él o ella está luchando con algo, o si tiene alguna necesidad de oración en especial. Esto es de tanta motivación para ellos–ellos saben que sus vidas son lo suficientemente importantes como para ser cubiertos en oración.

5. **Honra y motiva a los líderes jóvenes.** Pide a las iglesias representadas que paguen para que los líderes de jóvenes vayan a conferencias de oración y reciban entrenamiento y motivación. Reconócelos como líderes de oración en la ciudad. No minimices su llamado solo porque son jóvenes. Este es el inicio de volver el corazón de los padres hacia los hijos y de los hijos hacia los padres (Malaquías 4:5-6; Lucas 1:17).[57]

Sabiduría en el camino

Cuando los jóvenes están encendidos espiritualmente, generalmente no se necesita de un mentor para ponerlos en marcha, sino para proveer sabiduría a lo largo del camino. Eso es, en parte, porque es fácil para ellos emocionarse con respecto a su pasión por Cristo–y por la oración–¡y perder de vista el hecho de que la sabiduría y la madurez son dones de Dios, también!

Arlyn habló, una vez, con una madre de una estudiante universitaria perturbada. Su malestar provenía de las recientes

---

57. Nicole Sacks y Stephanie Seekins, "Starting a City-wide, Youth-led Prayer Movement," *Empowered*, 2, no. 2 (Summer 2002), 18–19.

noticias de que su hija había renunciado a su trabajo de medio tiempo, algo lucrativo, porque "Jesús se lo dijo". Ahora ella no tenía ingresos para pagar sus gastos de vida. Sus padres sintieron que se le estaba sacando ventaja, sin mencionar su preocupación por el bienestar de su hija. Ellos descubrieron que la directiva había salido de un tiempo de oración con sus amigos, en el que todos estaban escuchando de parte del Señor para la muchacha, que ella debía renunciar a su trabajo—por ninguna razón aparente más que "Jesús lo dijo".

Es muy probable que los amigos de esta muchacha habían escuchado del Señor cuando le sugirieron que dejara su trabajo. Pero, pasando directo de revelación a aplicación sin una interpretación aplicada son sabiduría, su exuberancia terminó causando una gran cantidad de dolor innecesario. Si hubieran empatado lo que estaban recibiendo con sabiduría, sensibilidad al tiempo y la autoridad de los padres, posiblemente hubieran podido evitar un gran conflicto. Todas estas cosas con las que los mentores traen a la mesa.

Los mentores también proveen revelación, como la vez que la hija de mi amiga, Natalie, bajó a desayunar una mañana, vacilando con respecto a un sueño extraño, que captó la atención de su madre.

La joven relató un sueño que su madre discernió que venía del Señor. Era una imagen clara de su llamado sobre la vida de la joven para ser una intercesora a favor de todo el cuerpo estudiantil de su escuela. Una luz se encendió en la mente de la joven y ella pudo ver, ahora con una nueva claridad, cómo Dios la quería usar para en su escuela secundaria. Fue un momento de "ajá" espiritual en el que su madre pudo capitalizar, ofreciendo sabiduría a tiempo, guianza y revelación.

Identificar y aprovechar esos momentos enseñables es clave para mentorear a los jóvenes en oración. Sentarse para normalizar los tiempos de oración con ellos se torna menos frecuente en lo que ellos desarrollan vidas y horarios propios y se mueven hacia la adultez. Muchas veces, el proceso de guianza toma la forma de "informar" después de que el joven haya tenido encuentros de oración en otros lugares—ya sea personalmente como con otros—y se necesita desarrollar con sabiduría.

Esto requiere de un gran grado de sensibilidad, paciencia y gracia por parte del mentor. Si el desafío para los jóvenes es aceptar rendir cuentas a una persona mayor para corrección y guianza con humildad y sumisión, entonces el desafío para las personas mayores es ofrecer guianza y corrección sin apagar el fuego. Los jóvenes pueden ser idealistas y desinhibidos por los fracasos pasados. En sus mentes, cualquier cosa es posible. Ellos traen una gran fe a la mesa en oración.

¡Que nunca seamos los "odres viejos" de los que Jesús habló en Lucas 5! Dios está haciendo cosas poderosas en nuestros jóvenes, y las vidas de oración de los niños en tu vida podrían resultar diferentes a la tuya. Eso está bien. Tú podrías aprender una que otra cosa de ellos, ¡en lugar de a la inversa! Debes estar preparado para la sabiduría encontrada a lo largo del camino, en lo que mentoreas a jóvenes en jóvenes, ya que es un "camino de doble vía".

Más allá del hogar

Cuando oramos por los jóvenes que Dios ha llamado a que caminen a nuestro lado, proveemos tanto un cerco como una cobertura que los protege y les allana el camino para que Dios pueda obrar en sus vidas. A algunas personas les gusta llamar esto un "escudo de oración", lo cual es una buena imagen.

A manera de ejercicio práctico, anota el nombre del joven (o jóvenes) que estás mentoreando en las siguientes Escrituras y ora estos pasajes en voz alta al Señor. Hay suficientes pasajes enumerados para ayudarte a levantar un escudo de oración sustancial sobre los jóvenes en tu vida:

Salvación, identidad y seguridad en Cristo—*Gálatas 2:20; 2 Corintios 5:17.*

Encontrar y cumplir el propósito dado por Dios—*Jeremías 29:11; Salmo 139:13-16.*

Carácter divino y moral—*Salmo 24:4; Santiago 1:27; Romanos 12:2.*

Protección del mal—*Salmo 34:7; Job 1:10; Salmo 84:11.*

Cimentado en la Palabra—*Salmo 1:2; 119:11; Juan 14:26, 17:17.*

Una relación con Dios íntima y llena del Espíritu—*Efesios 5:18; Isaías 30:20-21.*

Fortaleza para resistir las tentaciones—*1 Corintios 10:13; Santiago 1:14-15.*

Sumisión a la autoridad—*Hebreos 13:17; 1 Pedro 5:5; Efesios 6:2-3.*

Perseverancia y compromiso—*2 Timoteo 2:3; 2 Tesalonicenses 3:13.*

Sabiduría en las relaciones—*Salmo 1:1; Santiago 1:19.*

Sabiduría para administrar finanzas—*Génesis 22:14; Salmo 37:25; Filipenses 4:19*

Testimonio fuerte—*Hechos 1:8, 4:29-31; 1 Pedro 3:15*

Pasión por los perdidos y por las naciones—*Isaías 61:4; Lucas 4:18-19*

Satura a tu hijo con oración hoy

Amado Dios, yo quiero ser alguien que levanta y desata a una nueva generación de guerreros de oración. Muéstrame a aquellos que Tú has puesto en mi camino que tienen un llamado para cambiar el curso de la historia a través de la oración. Ayúdame a sembrar en ellos los secretos de oración que Tú me has enseñado. En medio de una vida tan ajetreada, enséñame a aprovechar los momentos especiales con aquellos a quien tú quieres beneficiar al pasar tiempo conmigo. Fortalece mi vida de oración, ya que yo sé que no puedo dar a otros lo que yo mismo no tenga. Dame una vida de oración llena del Espíritu—una que sirva como modelo a los jóvenes cuyas vidas yo toco. Amén.

CAPÍTULO 10

Niños avivados . . . ¡Desátalos!

De la boca de los niños y de los que maman fundaste la fortaleza, a causa de tus enemigos, para hacer callar al enemigo y al vengativo (Salmo 8:2).

"¿Has escuchado lo que le pasó a los niños?" El tono de la mujer sonaba urgente.

"No, ¿qué?" Respondí ansiosamente.

"Deberías bajar al sótano y ver por ti misma", dijo ella.

Yo (Cheryl) tomé a mi esposo de la mano y nos apresuramos hacia las escaleras que daban al piso inferior del World Torch Center. Era el 15 de mayo de 1995, el primer día de GCOWE (La Consulta Global de Evangelismo) en Seúl, Corea. Hal y yo nos sentíamos privilegiados de ser delegados de esta conferencia trascendental. Estábamos aún más emocionados que nuestra hija, Nicole, quien tenía 13 años para ese momento, estaba entre los 40 niños de alrededor del mundo que habían sido seleccionados para participar en una sesión de oración para niños. ¿La misión? Orar por la salvación de los niños del mundo.

Pero yo no estaba tan segura sobre nuestra decisión. Quizás no había sido una buena idea traerla a un país extranjero . . . ser transportada por choferes de autobús que no conocíamos . . . a eventos que parecían cambiar cada vez que se nos daba un horario nuevo.

En lo que dimos la vuelta a la esquina hacia la entrada del sótano, mi ansiedad aumentó. ¿Qué les había pasado a los niños?

En lo que entrábamos en el salón no podía creer lo que estaba viendo. Ahí, postrados en un gran círculo, había 40 niños orando—sus brazos entrelazados mientras lloraban por las almas perdidas de los niños del mundo.

Dirigiendo este grupo especial de niños estaba Esther Ilinsky, una esposa de pastor quien sabe cómo desatar a los niños en oración e intercesión. Debido a la corta capacidad de atención de este grupo de edad (edades 5 a 15), Esther había traído varios juegos y actividades para tener a los niños ocupados cuando no estaban orando. Ella planificó varias sesiones de oración a lo largo del día, cada una hecha para durar cerca de 15 minutos.

Sin embargo, la primera sesión de oración no había salido según lo esperado. Los niños no dejaron de orar después de los 15 minutos; tampoco dejaron de orar después de 50 minutos. De hecho, ¡la oración y llanto continuó durante 4 horas y 20 minutos!"

Cuando la oración había terminado, me arrodillé al lado de un niño que aparentaba tener 5 años. "¿Cómo lograste orar por 4 horas y 20 minutos?" Le pregunté.

"Oh, no sabíamos que habíamos orado por tanto tiempo," me dijo. "Pensamos que habíamos orado solo por 20 minutos." A partir de la historia de los avivamientos, me acordé que cada vez que los niños empiezan a orar, el avivamiento se eleva.

Conforme pasaban los días . . .

Sin mucho esfuerzo de parte de Esther, las largas sesiones de oración de niños continuaron todos los días de la conferencia. En el tercer día, tres niños, de distintas zonas del salón, vieron una visión de los niños en Zaire (ahora Congo), África, donde recién había brotado el virus del Ébola. Esta mortal enfermedad–la cual no tenía cura–hizo que las víctimas sufrieran una dolorosa muerte en cuestión de días. Los tres niños le describieron a sus líderes la misma escena sin ninguna variación.

"¡Debemos orar por los niños de Zaire!" exclamaron ellos. "Dios, para el virus del ébola," clamaron. "¡Detén el virus del ébola!" Esta no fue una reunión de oración superficial. Los niños buscaron al Padre celestial a favor de las almas perdidas de los niños en Zaire. Le ordenaron al diablo, en el nombre de Jesús, que quitara las manos de estos preciosos niños africanos. Y no se soltaron de Dios hasta que Su poder fue desatado para dar Su golpe final sobre el virus mortal del Ébola.

Siete días después, el día que terminó la conferencia, la Organización Mundial de la Salud declaró, en la portada de los periódicos alrededor del mundo, "el Ébola está bajo control."[58]

---

58. Publicación de prensa WHO 40, May 26, 1995.

El *New York Times* reportó, el 26 de mayo, 1995: "Con tan solo 6 nuevos casos de infección de ébola reportados en Zaire durante la pasada semana [reportados desde que oraron los niños], la Organización Mundial de la Salud dijo el viernes, que la epidemia de la mortal enfermedad viral en el país africano estaba 'entrando bajo control.'" El artículo continuó diciendo que esos seis nuevos casos se podían atribuir al período de incubación—¡lo cual significaba que ni una sola persona había sido infectada desde el día en que los niños oraron![59]

Niños y jóvenes así son jugadores clave en cumplir el propósito de Dios sobre la tierra. Muchos líderes cristianos hoy en día creen que estamos a las puertas del más grande avivamiento en la historia de nuestra nación. Los niños y adolescentes son absolutamente esenciales para el derramamiento que estamos buscando.

Por ejemplo, la iglesia de Arlyn dio de 80 a 90 por ciento de estudiantes de secundaria que recibieron a cristo en un período de 4 meses, debido a las oraciones fervientes y el alcance concertado de cada grupo juvenil de tan solo 50 niños. En la primera noche de alcance, Arlyn se sorprendió de ver a unos 50 muchachos entrar en los salones de oración para recibir a Cristo. Ella estaba aún más sorprendida de ver que los equipo de oración los guiaron a Cristo, oraron con ellos para romper las ataduras del enemigo en sus vidas, y oraron poderosas bendiciones sobre ellos, ¡eran mayormente otros jóvenes!

Reforzados por su éxito (probablemente en la misma manera en que los discípulos estaban, en Lucas 10, cuando

---

59. *New York Times*, mayo 26, 1995.

regresaron de su primer viaje misionero), los jóvenes comenzaron a orar para que más estudiantes vengan a Cristo. Pero, un par de meses más tarde, cuando se acercaba el momento de otro evento de alcance, los muchachos cayeron bajo un ataque espiritual. Semillas de resentimiento, falta de comprensión y división brotaron en medio del grupo. Las relaciones fueron manchadas por argumentos, separaciones y críticas. ¿Se perdería tan fácil el terreno que habían tomado?

El día del evento de alcance, sin intervención de adultos los ojos espirituales de los muchachos fueron abiertos. Se dieron cuenta que lo que estaban experimentando no es natural, sino espiritual. A través de correo electrónico y mensaje de texto, 8 de los estudiantes rápidamente organizaron una reunión, viéndose esa misma tarde en la iglesia, donde determinaron que no permitirían que el enemigo les robe la unidad, ni las almas de los amigos por los que habían estado intercediendo. Ellos confesaron su pecado entre sí, se arrepintieron juntos delante del Señor y se bendijeron unos a otros.

Esa noche, 35 jóvenes más recibieron a Cristo. Durante los meses siguientes, el grupo se llenó de nuevos creyentes. Hubo tantos bautismos que los tuvieron que repartir a lo largo de varias semanas.

El papel de los niños en el avivamiento

Estas historias son reminiscencias de lo que descubrimos en las historias de los avivamientos: la profunda fe e influencia de los niños que oran. Han jugado un papel significativo en el avivamiento–muchas veces guiando el camino.

A principios de la década de 1720, un muchacho de 16 años, llamado Nicolás Zinzendorf, formó un grupo de oración con otros adolescentes de su escuela en Alemania. Eran llamados "el grupo de la semilla de mostaza". Este nombre era el más apropiado–el grupo se convirtió en un semillero del avivamiento que se esparció por toda Alemania y más allá.[60]

En los Estados Unidos, grupos de oración liderados por estudiantes, en 1806 y 1886, fueron los responsables de comenzar grandes movimientos de avivamiento que resultaron en la gran expansión de las misiones mundiales. Un particular movimiento de avivamiento, llamado "El Movimiento de Estudiantes Voluntarios", fue el cumplimiento de una visión que envió a casi 20,000 jóvenes oradores al servicio misionero por un período de 30 años.[61]

No olvidemos a la joven de 16 años en la iglesia de Andrew Murray en Wellington, Sudáfrica, quien lideró un movimiento de oración entre sus pares en 1860. Murray, al principio, se sintió amenazado por esta joven y su movimiento de oración estudiantil; está reportado que luego él se arrepintió de su oposición. Murray luego escribió más de 120 libros, de los cuáles, el último era un llamado a los pastores a nivel mundial a que se unieran en oración por un avivamiento como la única esperanza para su

---

60. David Bryant, "Youth and the Coming Revival," *In Concert* (Summer 1996), 1.
61. David Bryant, "Is This the Generation?" *Pray!* (Sept/Oct 1998), 10

generación.[62] Una joven ayudó a cambiar el curso de la historia en el cuerpo de Cristo a nivel mundial.

El movimiento de oración juvenil acelerado

En años recientes, hemos visto una aceleración de movimientos de oración infantil y juvenil en todo el mundo, viendo y escuchando reportes impresionantes. Muchas naciones alrededor del mundo están experimentando desbordamientos de oración entre sus niños.

Once años después de la conferencia en Seúl, Corea donde hubo un movimiento tan dramático de Dios entre los niños, algunos de los mismos líderes se reunieron en otra conferencia que se dio en el sureste de Asia en el año 2006. Poniendo un fundamento para el futuro, 170 hombres, mujeres y niños–representando al menos 35 naciones–se reunieron para orar, hacer relaciones y planificar hacia el desarrollo de una red mundial de oración para niños.

En la India, un ministerio redime a niños desechados de la calle y los entrena para ser intercesores, evangelistas, líderes de alabanza y plantadores de iglesias. Son el sistema de castas más bajo: muchos son considerados "intocables". Muchos son huérfanos debido a la pobreza, la lepra y el SIDA. Algunos son tribales, algunos gitanos y otras prostitutas.

En el año 1987, Dios le habló a un joven acerca de levantar esos "niños desechados" como un arma de los intercesores para

---

62. Bryant, "Youth and the Coming Revival," *In Concert* (Summer 1996), 1.

"alcanzar a los perdidos, sanar a los enfermos y profetizar a las naciones." No solo lo ha estado haciendo, sino que ha estado entrenando activamente a otros para alcanzar a los perdidos, también. El gobierno indio ha tomado nota de esto y ayudado a subsidiar el cuidado infantil–y les siguen enviando más y más niños para redimir y levantar como guerreros de oración.

En otro país de Asia, hay 6 torres de oración para niños, donde los niños se reúnen 3 veces por semana para orar por sus comunidades. Más de 1,000 de alrededor de la nación se reúnen varias veces al año para orar, así como durante el Día Global de Oración y el Día Mundial de Oración por los Niños en Riesgo. Al día de hoy, desde el 2003, en 85 ciudades en todo Indonesia, hay más de 170 líderes y 60,000 niños involucrados en el ministerio de la oración–¡este es un país principalmente musulmán, que es conocido por su hostilidad hacia los cristianos! Estos jóvenes guerreros de oración están orando por la transformación de sus comunidades y nación. Sus líderes están desarrollando, actualmente, un currículo para replicar lo que están haciendo en cada ciudad de Indonesia.

Una muchacha de 17 años, llamada Eunice, comenzó un ministerio para conectar a los jóvenes de todo su país en oración por su nación, así como para reunir a muchachos de todo el mundo para intercambiar "reportes" de lo que Dios está haciendo en diferentes países. Esta visión, nacida en Ezequiel 37:10, ha motivado a jóvenes a cambiar el internet por el Señor por medio de una comunidad de oración virtual 24/7.[63]

---

63. www.joint.wikispaces.com

¿Qué de los Estados Unidos?

El derramamiento del Espíritu Santo sobre nuestros hijos no va a venir a través de oraciones representativas, sino por una batalla en ayuno y oración en contra del pecado, la apatía y la autoindulgencia. Nuestra cultura le ha enseñado a los niños a comer y a jugar. Los tiempos demandan *ayuno y oración*.

Por ejemplo, en los Estados Unidos y Canadá, cerca de tres millones de estudiantes se están reuniendo en las astas de las banderas de sus escuelas cada septiembre para un movimiento llamado: Nos Vemos en el Asta, donde están orando por sus maestros, compañeros de clase y avivamiento en sus campus. Cantidades en crecimiento de jóvenes están combinando la oración con ayuno, a veces, durante períodos prolongados de tiempo.[64]

Quizás, una de las más grandes señales de un avivamiento venidero en nuestro tiempo, fue la convocatoria de unos 400,000 jóvenes (muchos con sus padres) en el mall en Washington D.C. en un fin de semana del Día del Trabajador en el año 2000 para 12 horas de oración y ayuno por la nación. Hal y yo asistimos a esta poderosa reunión con Nicole, quien había pasado ese año trabajando como facilitadora juvenil para The Call DC. Tan lejos como alcanzaba la vista, jóvenes intercesores estaban parados, sentados, arrodillados o postrados sobre el suelo mientras clamaban, "¡Estamos aquí para comenzar una Revolución de Jesús! ¡Ya es suficiente! ¡Dios, vuelve a nuestra nación a ti!"

---

64. Mike Higgs, "Lead Us, Join Us, or Get Out of the Way!" *Pray!* (Sept/Oct 1998), 19.

NIÑOS SATURADOS POR LA ORACIÓN

La revista *Pray!*, dedicó toda una entrega al tema de los jóvenes que oran. Un artículo reportó que estudiantes de secundaria en Modesto, California están haciendo caminatas de oración al estilo de Jericó alrededor de toda escuela en la ciudad. En Littleton, Colorado, los estudiantes van encaminados a establecer un grupo de oración en cada campus escolar en su comunidad. Jóvenes desde Portland, Oregon hasta Buffalo, Nueva York estuvieron involucrados en esfuerzos intensivos de oración.

"¿Qué está pasando?" preguntó el autor de este artículo.

¡Parece haber una explosión de oración sin precedentes, sin planeamiento, inusual e imparable entre la juventud! Es sin precedentes, al menos en tiempos modernos, por la gran cantidad de participantes. Es sin planear porque no es el resultado de algún programa nuevo o actividad de ningún ministerio juvenil. Pareciera ser una obra algo espontánea del Espíritu Santo, y nadie está tratando de controlarla (¡buena suerte si lo tratas de hacer!). Es inusual porque tal pasión por la oración no es lo que se espera de una cultura post moderna, relativista y abierta a la diversidad. Y es imparable porque no puede ser legislado fuera de las escuelas—puedes sacar la oración de las escuelas, ¡pero no puedes sacar de las escuelas a los *estudiantes que oran*![65]

Esta historia acerca de una joven llamada Elizabeth Cartwright y su visión y determinación ilustra qué tan veraz es esta afirmación:

"En el año 1962, la Corte Suprema de los Estados Unidos votó para remover la oración de los salones de clase

---

65. Higgs, p. 18–19.

estadounidenses. Yo sabía eso como un hecho de la historia, pero en mi pequeño pueblo en Texas, no era un factor de vida. En mi pueblo natal, todo el mundo conoce a todo el mundo y la mayoría de las personas fueron criadas en la iglesia. Nosotros seguimos orando en los juegos de fútbol y otros eventos públicos, y eso nunca fue un problema. Al menos no hasta mi primer año de secundaria, cuando la Junta de la escuela decidió aplicar la ley. Ellos pasaron una ordenanza para prohibir la oración que era hecha en los altavoces antes de cada juego de pelota.

Una vez que pasó eso, las personas comenzaron a cuestionar la legalidad del ministerio de campus que se reunía cada mañana para orar y una vez por semana durante el almuerzo. Como muchos en el cuerpo estudiantil, yo me vi en medio de la más grande batalla espiritual jamás.

Me fui donde el superintendente, quien también era cristiano. "¿Por qué está pasando esto? ¿Qué podemos hacer al respecto?"

"Lo siento. No hay nada que yo pueda hacer," me dijo él. "Si algo cambia, tienen que ser ustedes, los estudiantes, quienes tomen acción."

¡Pero solo somos un montón de adolescentes! Pensé. *¿Qué podríamos hacer?*

Como nadie en una posición de autoridad en nuestra escuela ayudaba, yo decidí pasarles por encima–yendo directo a Dios. Oré fervientemente por sabiduría. Él me preguntó cuál ejemplo bíblico podía seguir. Eché un fuerte vistazo a lo que las personas en La Biblia hicieron cuando se les prohibió por ley adorar a Dios, y descubrí algo maravilloso–¡siguieron adorando!

Reuní a un grupo de estudiantes y comenzaron a orar para que Dios nos ayudara a pelear, así como lo hicieron aquellos en la Biblia. Aun así, no teníamos idea sobre qué hacer. El padre de uno de los estudiantes presentó un plan a la Junta de la escuela que nos proveería una manera para que pudiéramos orar, y tuvo un gran apoyo entre la comunidad.

Pero la Junta de la escuela lo rechazó.

Luego, Dios nos dio una idea que era riesgosa, pero no nos íbamos a rendir. En el siguiente juego de fútbol, mientras que los aficionados llenaban el estadio, todos tomamos nuestros lugares. Desde que la ley había sido aplicada, en lugar de oración, el estadio tenía ahora un momento de silencio antes del juego de fútbol.

Pero, en lugar de obedecer esta regla de silencio, nuestro grupo comenzó a decir el Padre Nuestro en voz alta. Luego, ocurrió lo más inesperado. El cuerpo estudiantil se unió. Los padres se unieron. Los niños se unieron. Los maestros y cuerpo docente se unieron. La oración se esparció como fuego a lo largo del estadio. ¡Aún los aficionados del equipo contrario se unieron a nuestro acto de rebelión!

El momento en que dijimos "Amén", el estadio explotó en aplausos y vítores.

Más adelante, la Junta de la escuela aprobó un plan que nos permitía orar. En los juegos, después de esa impresionante noche, una ovación de pie seguía la oración de apertura." [66]

---

66. Cheri Fuller y Ron Luce, *When Teens Pray* (Sisters, OR: Multnomah Publishers, 2002), 131–133.

Llevándolo a las calles

Un año en Phoenix, la semana antes que comenzaran las clases, los estudiantes llevaron minivanes llenas de adolescentes oradores a 40 escuelas secundarias. Buscaron a Dios para que su fuego de avivamiento cayera sobre todos los campus escolares ese otoño. Más adelante, los estudiantes reportaron que Dios se estaba mostrando de maneras maravillosas con arrepentimiento público de pecados y muchas salvaciones milagrosas.

Una mañana antes de la escuela, varios de estos mismos estudiantes sintieron una urgencia de ir a una clínica de aborto y orar para que Dios exponga las obras de oscuras de Satanás ahí. En cuestión de horas, a los noticieros les llegó noticia de un incidente en esa clínica. Dos semanas después, esa clínica fue cerrada.

Arlyn y yo sabemos de un grupo juvenil de una iglesia que tenía un corazón por el evangelismo y por ver sus campus venir a Cristo. Varios muchachos que iban a la misma secundaria organizaron una reunión de oración semanal en el campus junto con otros jóvenes cristianos. Mientras oraban juntos, regularmente, por la salvación de sus compañeros, el Señor sembró en sus corazones la idea de un "evento de alcance". Compraron bajas de refrescos y los trajeron a la hora del almuerzo a la cafetería, anunciando en voz alta, "¡Refrescos gratis! ¡Refrescos gratis!"

Cuando una gran multitud se había agrupado para los refrescos gratuitos, tres de los muchachos—uno a uno— se subieron a una mesa del comedor y comenzaron a dar sus testimonios de cómo Jesucristo había cambiado sus vidas. Cuando dieron la invitación, 17 estudiantes recibieron a Cristo aquel día. Unos meses después, hicieron lo mismo, de la misma manera. Esta vez, ¡más de 30 estudiantes recibieron a Cristo!

El pastor de jóvenes y líderes juveniles de estos muchachos no tenían permiso para entrar al campus. Sin embargo, porque fueron discipulados efectivamente y mentoreados en oración y pasión por Jesús, estos estudiantes estaban bien equipados para orar y guiar a sus compañeros a Cristo, ¡por ellos mismos!

Uno de los ejemplos más increíbles de muchachos siendo usados en oración intercesora por los que no son salvos, fue durante el bastante conocido avivamiento de la Brownsville Asambleas de Dios, en Pensacola, Florida. Un evento entero fue captado en video. Vann Lane, el pastor de sus hijos, narra en el video, explicando a la audiencia lo que están escuchando en el fondo–el sonido de los muchachos metidos en oración.

Por causa del avivamiento en marcha constante, casi todos los miembros de las iglesias estuvieron involucrados cada noche como obreros. Varios miles de personas estaban viniendo cada día de alrededor del mundo para ser tocados por el avivamiento, y se necesitaba de cada adulto. Pero sus muchachos aún tenían tareas, aún necesitaban descanso de las noches largas y demás. Por lo que el Pastor Vann les permitía quedarse con él en los salones infantiles durante los servicios para estos propósitos. El salón tenía una pantalla grande con la transmisión desde el auditorio principal para que los muchachos pudieran ver lo que estaba pasando en el servicio principal.

Una noche, mientras que los niños estaban en su tiempo de juego regular, el Pastor Vann notó cómo, uno a la vez, los muchachos dejaron lo que estaban haciendo y empezaron a ver la transmisión en vivo. Al poco tiempo, todos, de manera espontánea comenzaron a orar. Esa oración se convirtió en el clamor más intenso y agonizante mientras los niños comenzaron a gemir en intercesión con abandono.

Impresionado por lo que Dios estaba haciendo a través de los niños, el Pastor Vann los guió por el pasillo a un área oculta de la vista de la audiencia. Estaba justo al lado de la plataforma donde el evangelista Steve Hill estaba predicando fervientemente a los perdidos. Los ujieres trajeron micrófonos a donde estaban los niños, y el sonido escalofriante de sus voces fue magnificado en el auditorio principal para que los adultos pudieran escuchar lo que estaban haciendo. Periódicamente, se podía escuchar a algún muchacho gritando, "¡No! ¡No! ¡No!" con una intensidad que daba piel de gallina. Parecía que estaban clamando en contra de los abusos de otros, como si ellos fueran esas personas. Una vez que escuchabas estas voces, no podías ser el mismo.[67] Los niños oraron así por casi una hora, durante ese tiempo, varios cientos de no creyentes y adultos apartados saltaron de sus asientos y corrieron al altar para rendir sus vidas a Cristo Jesús.[68]

---

67. Becky Fischer, *Redefining Children's Ministry in the 21st Century* (Bismarck, ND: Kids in Ministry International, 2005), p. 169–170.
68. Entrevista con Lila Terhune, coordinadora de oración de Brownsville Assembly of God, 1997.

El impacto de niños que oran

Es importante que incentivemos esta pasión por la oración cuando la veamos, no apagarla–para que los fuegos del avivamiento puedan nacer de nuevo de sus oraciones. Nuestra juventud tiene el potencial para hacer una gran diferencia en su mundo y el nuestro a través de sus vidas de oración y su ministerio en Cristo. Ellos son los futuros líderes del movimiento mundial cristiano, y los adultos lo saben. Los cristianos de mayor edad, a menudo, son inspirados a seguir a los jóvenes cuando empiezan a manifestar una pasión y proactividad a las cosas de Dios.

Yo creo, personalmente, que durante el amanecer del siglo XXI, Dios está haciendo algo mucho más expansivo que lo que habíamos imaginado previamente. Desde mi punto de vista, ¡los niños y jóvenes tienen la plataforma principal!

Un día, mientras yo hacía mis quehaceres del hogar, escuché un grito urgente de mi hija. "¡Mamá, ven rápido!" Nicole gritó, estando apoyada en el balcón de nuestra casa de dos pisos, mirando hacia abajo a la sala. "¡Acabo de ver una visión de nuestra casa completamente llena de adolescentes orando!"

Yo no sé cómo se dio todo, pero en cuestión de pocas semanas, nuestra casa se convirtió en un punto de encuentro regular para reuniones de oración juvenil. Todas las noches de lunes, y todos los sábados, de 20 a 30 muchachos en oración llenaban nuestro hogar. Estaban por todas partes–postrados sobre el piso de la sala, orando en grupos en la cocina, sentados sobre los muebles y en los rincones del salón de familia, sentados y parados sobre las escaleras.

"¡Una nueva camada de niños–semillas de justicia–que están destinados a cumplir el eterno plan y propósito de Dios– está emergiendo en la escena mundial para el nuevo milenio!"[69]

Como dice Isaías, "Un niño pequeño los guiará" (Isaías 11:6).

La batalla por la simiente de justicia

Los niños y adolescentes de hoy en día están siendo asaltados constante desde muchos costados, incluyendo los ataques de Satanás. Son extremadamente vulnerables a toda clase de influencias del mal, en uno de los momentos más difíciles de sus vidas–física y emocionalmente. Mientras que muchos adultos están "etiquetándolos" como irracionales, incontrolables, emocionales e impredecibles–Dios desea hacer una obra poderosa en las vidas de nuestros jóvenes.

La intención de Satanás, por otro lado, desde el principio, ha sido devorar la simiente de justicia: ". . . el dragón se plantó delante de ella para devorar a su hijo tan pronto como naciera" (Apocalipsis 12:4). Satanás buscó destruir a José, a Moisés y a Jesús, ¡y él busca destruir a nuestra juventud preciosa en este tiempo! Esto se ha vuelto cada vez más evidente con la racha de tiroteos trágicos en las escuelas en nuestra nación, sin mencionar los números de abortos y violencia urbana. Una cantidad mayor se pierden en estilos de vida destructivos y filosofías mundiales engañosas.

---

69. Hoja de información de la oradora Esther Ilnisky, 2007.

Nosotros, como padres y como la iglesia, seríamos irresponsables si no afirmamos sus llamados y hacemos guerra espiritual por ellos en oración. Es importante, no solo que entrenemos a nuestros niños y jóvenes a ser poderosos guerreros de oración, sino a que vayamos al lado de ellos y hagamos guerra en lo celestial a favor de ellos.

Al hacerlo, "van a haber olas de intercesores y guerreros de oración jóvenes tomando su lugar dentro del liderazgo en el movimiento global de oración, con la bendición, motivación y mentoría de las generaciones mayores quienes entienden la importancia de desatarlos para cumplir el destino al cual Dios los está llamando."[70]

¿Quién va a traspasar el poder de la oración a la próxima generación?

¿Quién va a interceder por ellos?

¿Quién les va a enseñar a escuchar la voz de Dios y entrenarlos para la guerra espiritual?

¡Nosotros! ¡Y luego los vamos a desatar!

---

70. Information in this section from a personal conversation between Arlyn Lawrence and Kim Butts, October 2006.

Preguntas de Discusión

Capítulo 1

EL DISEÑO ORIGINAL DE UN NIÑO

1. ¿Puedes identificar algunas de las maneras en las que Dios ha diseñado particularmente a tu hijo o a los niños en tu vida? ¿Cuáles has observado por medios naturales? ¿Cuáles te han sido reveladas a través de la oración?
2. Conversa acerca de cómo el diseño original de tu hijo podría afectar su estilo de oración. ¿Cuáles modalidades de comunicación podrían ser más cómodos para él o ella cuando se trata de relacionarse con Dios?
3. ¿Cómo podría el orar para ver el diseño original de Dios para un niño beneficiar un salón de clase o ambiente de tipo de escuela dominical? Conversa acerca de maneras para aplicar este concepto con otros niños además de los tuyos, y en lo secular, así como en los ambientes de hogar y ministerio.

PREGUNTAS DE DISCUSIÓN

Capítulo 2

HACER DE TU CASA UNA CASA DE ORACIÓN

1. Haciendo referencia al capítulo 2, toma nota de cualquier cosa que te haya inspirado, provocado ideas nuevas o que te haya desafiado de alguna manera. Comparte esas ideas con el grupo, junto con maneras en las que planeas incorporar esos conceptos de oración en tu propio hogar.
2. Conversa acerca de los roles estratégicos que tanto madres como padres tienen en la oración con, y por, sus hijos. ¿Cómo son, a veces, similares? ¿Cómo pueden variar? ¿Qué sientes que te está diciendo Dios, personalmente, al considerar estas verdades acerca de los padres y la oración?
3. ¿Es la oración, en tu hogar, una primera respuesta o un último recurso? Plantea una lista de ideas para hacer de la oración una prioridad para tu familia. ¿Cuáles son algunas maneras en las que podrías incluir a tus hijos al orar por las necesidades y preocupaciones de tu familia? ¿Cuáles son algunas maneras en las que puedes convertir tu hogar en una parada de descanso para otras personas?

Capitulo 3

EL PODER DE LA BENDICIÓN

1. ¿Qué aprendiste de este capítulo acerca del poder de orar bendiciones? Repasa los 3 elementos de la bendición parental. ¿Cuáles son los beneficios de dar una bendición parental

a tus hijos, y cuáles podrían ser algunas de las consecuencias de retenerla?
2. ¿Tu familia de origen fue marcada más por expresar bendiciones pronunciadas o por retenerlas? ¿Cómo ha influido esto en tu habilidad para bendecir a tus propios hijos o a cualquier otro niño en tu vida?
3. ¿Cuáles son algunas maneras prácticas en las que tú puedes comenzar a cultivar la práctica de orar bendiciones en tu hogar? ¿Cómo puedes llevar estas a tu comunidad, lugar de trabajo o ministerio? Comparte estas con el grupo y toma nota de ello para dar seguimiento.

Capítulo 4

ORACIONES DE SANIDAD PARA FAMILIAS HERIDAS

1. Habla acerca de la idea de la "naturaleza transaccional de la oración" (ver página 68). ¿Es un concepto nuevo para ti? ¿Cómo te puede dar una Esperanza fresca sobre el poder y la efectividad de la oración para acceder a los recursos del cielo en una manera que logre sanidad en los corazones de las personas, sus vidas, niños, matrimonios y familias?
2. ¿Cuáles son algunas situaciones específicas en tu familia que se podrían beneficiar de la oración de sanidad?
3. Divide tu grupo en grupos más pequeños de 2 a 4 personas cada uno. Invierte tiempo en orar juntos. Con la idea de "los adultos primero", pídele al Espíritu Santo que le revele a cada persona cualquier "fortaleza" personal o áreas

PREGUNTAS DE DISCUSIÓN

de amargura no resuelta en su propio corazón, que podría resultar en actitudes incorrectas o hirientes en su vida y familia. Motiva a cada persona a ofrecer oraciones de confesión y arrepentimiento, específicamente concediendo perdón donde se necesita perdonar. Luego, como grupo, oren unos por los otros (y por sus hijos), que estas "raíces y sus frutos" sean sanados por el poder, el amor y la verdad de Cristo Jesús.

Capítulo 5

CERRÁNDOLE LAS PUERTAS AL ENEMIGO

1. Lee Efesios 6:10-12. Nota que la oración está descrita como parte de la armadura del cristiano (ver versículo 18). También lee 2 Corintios 10:3-5. Basándote en las Escrituras y lo que leíste en el capítulo 5, describe cómo la oración puede ser una "poderosa arma divina" en la guerra contra el enemigo que enfrentan nuestros niños en este mundo.
2. ¿Resulta desafiante para ti a práctica de ver a las personas, cosas y situaciones a través de tus ojos espirituales en lugar de tus ojos físicos? ¿Por qué o por qué no?
3. ¿Te trajo el Señor a memoria cualquier objeto que necesites remover de tu hogar?
4. ¿Puedes identificar algún pecado generacional en tu familia que esté afectando (o que tenga el potencial de afectar) a tus hijos? Compártelos con el grupo y tomen un tiempo de oración con cada uno. Recuera las 4 "Erres" mientras lo

hacen: Arrepentimiento, reprender, reemplazar y recibir. (ver página 99).

5. ¿Cuáles son algunas maneras en las que los padres y líderes de ministerio cristianos pueden ser "guardianes" en sus hogares y ministerios- aquellos que estén en alerta para identificar y cerrar, por medio de la oración, cualquier puerta abierta al enemigo en las vidas de aquellos a quienes Dios les ha confiado su cuidado espiritual?

Capítulo 6

ENTRENAMIENTO EN ORACIÓN 101

¿Cuáles son algunas maneras en las que le puedes ayudar a tus hijos a desarrollar una relación personal con Dios a través de la oración? ¿Han recibido ya a Cristo como su Salvador? Si no, ¿estarían preparado para hacer esa oración contigo?

1. Toma nota de los 7 componentes para enseñar a tus hijos a orar. ¿Cuáles están ya establecidos en la vida de oración de tus hijos? ¿Con cuáles te sientes desafiado a implementar en una manera nueva y más enfatizada? ¿Cómo podrías lograr esto?
2. Si tus hijos están involucrados en el ministerio, ¿cuáles de los siete elementos ya son parte de tu currículum, filosofía ministerial y práctica actual? ¿Cuáles quisieras desarrollar?
3. ¿Tienes la expectative de que oír directamente del Espíritu Santo puede y debería de ser parte de la oración? ¿Cuáles son algunas maneras en las que podrías, de manera personal,

PREGUNTAS DE DISCUSIÓN

escuchar la voz de Dios? ¿Cómo has comunicado y modelado esto para tus hijos? ¿Cuáles son algunas maneras en las que te gustaría hacerlo?

4. ¿Cómo podría beneficiar a tus hijos el aprender a orar la Palabra de Dios? ¿Podrías pensar en algunos pasajes de las Escrituras que podrían servir para convertir en oraciones con y por tus hijos? Haz una lista y empieza a orar por ellos de manera regular.

Capítulo 7

MÁS ADENTRO Y MÁS ARRIBA

1. ¿Cómo puede ser satisfecho por la oración el deseo de un niño por la aventura y la acción? ¿Calza esto con tu expectativa y experiencia de lo que es la oración? ¿Por qué, o, por qué no?
2. ¿Qué aprendiste acerca del concepto del clóset de oración? ¿Cómo podrías utilizar este concepto para enseñar a tus hijos más sobre la oración?
3. Considera las maneras en las que la oración podría resultar, a veces, en experiencias sobrenaturales, tales como las que experimentó la iglesia primitiva en Hechos 4:31, las experiencias de Pedro y Cornelio en Hechos 10 y la de Pablo y Silas en la cárcel en Filipos (ver Hechos 16:25-26). Tomen turnos compartiendo algunos de los resultados sobrenaturales de la oración que tú y las personas en tu grupo hayan experimentado. ¿Cómo te han ayudado estas experiencias

a ti, a tu familia o tu ministerio, a cumplir el Salmo 78:4 NTV: "No les ocultaremos estas verdades a nuestros hijos; a la próxima generación le contaremos de las gloriosas obras del Señor, de su poder y de sus imponentes maravillas."?

4. Nota las sugerencias de este capítulo de "aventuras" en oración, tales como el ayuno, las caminatas de oración, la autoridad espiritual y la guerra espiritual. ¿Cómo pueden desafiar los valores y estilo de vida de tus hijos (o tu ministerio infantil)? ¿Cuáles te inspiran para implementar? ¿Cuáles son algunas maneras en las que tú podrías hacer eso? Comparte esto con el grupo.

Capítulo 8

EL PAPEL DE LA IGLESIA

1. El capítulo 8 habla acerca de la necesidad de abandonar los "odres viejos" del ministerio infantil- los odres viejos como "nuestras propias nociones limitadas de lo que los niños son o no son capaces, espiritualmente" (ver página 142)- por odres nuevos y nuevas expectativas. ¿Cómo han sido elevadas ya tus propias expectativas con respecto a tus hijos y la oración, mientras que has estado leyendo *Niños Saturados por la Oración*?

2. ¿Es la oración una prioridad obvia en tu iglesia o ministerio infantil? Con tu equipo ministerial, ora y pídele a Dios que les muestre maneras en las que tu ministerio puede ser una "casa de oración para niños". Invierte unos minutos en

PREGUNTAS DE DISCUSIÓN

oración y escuchando. Luego, pídele a cada miembro del equipo que comparta lo que él o ella sintió que el Espíritu Santo le hablaba acerca de levantar el valor y la visibilidad de la oración en el ministerio.

3. Si eres un pastor o líder de un ministerio infantil, ¿cuáles son algunas maneras prácticas en las que podrías tomar un papel mayor en impartir visa espiritual al ministerio infantil de tu iglesia en el área de la oración?

4. Si eres un padre con un niño en la escuela dominical (o algún otro ministerio infantil), ¿cuáles son algunas maneras prácticas en las que podrías motivar y ayudar a los líderes del ministerio infantil a que hagan de la oración una parte más dinámica del ministerio? ¿Cómo se podría visualizar esto de una manera más práctica?

Capítulo 9

CONVIÉRTETE EN UN MENTOR DE ORACIÓN

1. ¿Fuiste alguna vez mentoreado de joven? De haberlo sido, ¿cómo te moldeó esa experiencia? De no haberlo sido, ¿cómo pudo haber hecho una diferencia en tu vida? Al compartir estas ideas con el grupo, conversen sobre las maneras en las que cada uno podría aplicar lo que ha aprendido- tanto de la experiencia y de este capítulo- para con las relaciones que tienes actualmente con las personas jóvenes.

2. Lee nuevamente los modelos que Hal y Kurt utilizaron mientras mentoreaban a sus propios hijos en la oración (ver

PREGUNTAS DE DISCUSIÓN

página 168). ¿Cómo te pueden inspirar sus ejemplos en tu propia paternidad?

3. Si tus hijos son mayores y no los has mentoreado en la oración hasta este punto, ¿cuáles podrían ser maneras prácticas y relacionales en las que podrías comenzar a incorporar un mentoreo de oración en tu propia relación con ellos? Piensa en términos de mentorear a tus hijos, no solo en su vida personal, sino en prepararlos para servir en el liderazgo del ministerio de oración.

4. Si eres un pastor o líder juvenil, ¿cómo podrías lanzar una visión para -e incorporar- mentorear la oración en tu ministerio juvenil? De nuevo, piensa en mentorear a los jóvenes en sus vidas personales de oración, así como equiparlos para el liderazgo en el ministerio de oración.

Capítulo 10

NIÑOS AVIVADOS . . . ¡DESÁTALOS!

1. ¿Cuáles historias sobre "niños de avivamiento" de la iglesia de antaño o contemporánea fueron más inspiradoras para ti? Conversa acerca del potencial que ves en tus propios hijos-o en los niños en tu vida-para tener este tupo de impacto en el mundo alrededor de ellos a través de sus oraciones.

2. ¿Cuáles son algunas maneras en las que los adultos pueden ayudar a crear ambientes en los que los niños pueden "ser soltados" en oración tipo-avivamiento? ¿Cómo podrían estar los adultos *más* involucrados? ¿Cómo podrían estar

PREGUNTAS DE DISCUSIÓN

menos involucrados? Conversa acerca de cómo y por qué los adultos deben estar "manos fuera" versus "manos dentro" y cómo discernir cuando cada una es necesaria.

3. Planifica una reunión de oración intercesora por parte de los niños representados por tu grupo. Convoca a un tiempo de intercesión y batalla espiritual. Ora *por* lo diseños y propósitos de Dios que sean cumplidos en y a través de sus vidas. Ora *en contra* de las maquinaciones del enemigo que buscan derribar y corromper los planes de Dios. Intercede por tus hijos-¡que puedan realmente ser niños de avivamiento saturados por la oración!

Recursos

Fischer, Becky. Redefining Children's Ministry in the 21st Century (Bismarck, ND: Kids in Ministry International, 2005).

Fuller, Cheri. *When Mothers Pray* (Sisters, OR: Multnomah, 2001).

Fuller, Cheri. *When Teens Pray*, with Ron Luce (Sisters, OR: Multnomah, 2002).

Cheri Fuller's ministry website, *FamiliesPrayUSA* (http://www.cherifuller.com)

Harvest Prayer Ministries (http://harvestprayer.com). Click on "Family Prayer" for links to various children's prayer ministries and resources.

Ilnisky, Esther. *Let the Children Pray* (Ventura, CA: Regal, 2000).

Jacobs, Cindy. *Deliver Us from Evil* (Ventura, CA: Regal, 2001).

Moms in Touch International (http://www.momsintouch.org).

Perkins, Hal. *If Jesus Were a Parent*. (USA, 2006).

*Pray*Kids! (http://www.praykids.com).

PrayKids! Teacher's Guide: A Hands-On Guide for Developing Kids Who Pray (Colorado Springs, CO: Pray! Books/NavPress, 2005).

Smalley, Gary and John Trent. *The Blessing* (Nashville: Nelson, 2004).

Swope, Mary Ruth. *Bless Your Child Every Day* (Phoenix: Swope Enterprises, 1992).

Wilson, Randy and Lisa. *Daddy's Blessing* (Colorado Springs, CO: Faith Parenting, 2001).

ACERCA DE LAS AUTORAS

CHERYL SACKS es una autora de mayores ventas, oradora-conferencista nacional, mivilizadora de oración y asesora de oración eclesiástica. Su serie de libros "Saturados por la Oración"— incluyendo *La Iglesia Rebosante de Oración, Niños Saturados por la Oración* y *La Familia Rebosante de Oración*- así como su más reciente libro, *Fuego sobre el Alter Familiar*, han bendecido y mentoreado a decenas de miles de individuos y familias para entrar más profundo en la oración. Ella ha escrito múltiples guías de oración, incluyendo "Reclaim a Generation: 21 Days of Prayer for Schools", disponible en *prayershop.org*.

El corazón de Cheryl es ver a las familias sanadas, restauradas y empoderadas por el Espíritu Santo para encender un despertar espiritual y fuegos de avivamiento que Dios quiere traer a hogares y a la nación. Cheryl y su esposo, Hal, son fundadores y líderes de BridgeBuilders International Leadership Network, un ministerio de oración de transformación localizado en el campus de la Arizona Christian University en el área de Phoenix, Arizona. Tienen una hija casada y tres hermosos nietos.

Tú puedes aprener más acerca del ministerio de Cheryl y Hal en *bridgebuilders.net* y *prayersaturated.life*.

 ARLYN LAWRENCE encuentra gran gozo en hacer que la Palabra de Dios sea relevante en la vida diaria y el día a día, ayudando a personas de todas las edades a encontrar esperanza y transformación en Cristo Jesús. Ella es una apasionada por la oración y su papel en ayudar a los seguidores de Jesús a experimentar la presencia y el poder de Dios en sus vidas.

Arlyn ha sido la editora, autora y coautora de numerosos libros y recursos curriculares publicados y distribuidos en todo elm undo, incluyendo *Niños Saturados por la Oración*, *Parenting for the Launch* y *Encounters at the Well*, una Biblia Devocional para mujeres. También ha servido como editora de la revista Pray! (Navpress) y ha sido autora de una de sus columnas regulares, "Intercession Ignited." Por medio de la compañía que ella inició en el año 2014, Inspira Literary Solutions, Arlyn ha ayudado a docenas de autores a publicar sus propios libros (www.inspiralit.com). Ella también es una oradora frecuente y maestra y ha llevado inspiración e instrucción a audiencias a lo largo de los Estados Unidos, Canadá y el Reino Unido.

Arlyn vive sobre una isla en el Estrecho de Puget en el hermoso estado de Washington con su esposo, Doug, su perro y una gran cantidad de gallinas, y disfrutan la compañía constante de sus cinco hijos adultos, sus cónyuges, y una maravillosa generación de nietos.

www.ingramcontent.com/pod-product-compliance
Lightning Source LLC
Chambersburg PA
CBHW070135080526
44586CB00015B/1707